CÓMO DIBUJAR
MANGA

CÓMO DIBUJAR
MANGA

Camilo Otaku
Jorge Mata

LIBSA

© 2024, Editorial Libsa
C/ Puerto de Navacerrada, 88
28935 Móstoles (Madrid)
Tel. (34) 91 657 25 80
e-mail: libsa@libsa.es
www.libsa.es

Colaboración en textos: Camilo Otaku y Jorge Mata
Edición: equipo editorial LIBSA
Diseño de cubierta: equipo de diseño LIBSA
Maquetación: Diseño y Control Gráfico y equipo de maquetación LIBSA
Ilustraciones: Sandra Llanas y David Bermejo

ISBN: 978-84-662-4393-3

DL: M-8764-2024

Agradecimientos: Elena Parlange

CONTENIDO

INTRODUCCIÓN

En Nueva York, Estados Unidos, un adolescente sale de una librería tras comprar la última entrega de su *manga* favorito.

A la misma hora, otro joven camina por las calles de Medellín, en Colombia, con el mismo *manga* bajo el brazo. Se dirige hacia el centro cultural donde imparte clases de cómo dibujar *manga* a los chicos de un barrio del centro oriente de esta polémica ciudad. Si algún día se encontraran, y a pesar de la diferencia de los mundos en que viven, tendrían un universo que los une y que les provoca la misma inquietud, al margen de sus diferencias, de sus vivencias, en ambientes tan dispares. El *manga* es comunicación, pura y dura, para todos.

UN POCO DE HISTORIA

La historieta japonesa, o *manga*, como es conocida en Occidente, es una de las manifestaciones artísticas niponas que ha logrado traspasar las fronteras de la sociedad japonesa y asentarse en la juventud occidental. La fortaleza dinámica de la narrativa del *manga*, parecida a los fotogramas de una película, y el trasfondo psicológico de los protagonistas, consiguen que el lector se sienta parte de la historia, logrando una empatía muy superior al cómic tradicional.

La primera manifestación de lo que luego se llamaría *manga* la encontramos en los dibujos conocidos como *Chojugiga*, realizados por el sacerdote Toba No Sojo en el siglo XI. Eran obras dibujadas en pergamino con un tono satírico y principalmente de motivos animales, algunas veces en estampas cotidianas, dentro de su entorno.

Katsushika Hokusai (1760-1849) fue uno de los principales artistas del llamado *Ukiyo*-e o «pinturas del mundo flotante», que eran grabados en madera que podían representar escenas costumbristas, históricas o eróticas, muchas de ellas con un tono satírico. En algunas ocasiones estos dibujos, elegantes y estilizados, estaban acompañados por textos breves, dando como resultado un claro antecedente de lo que hoy se ha convertido en un fenómeno de masas. Pero es en 1814 cuando este artista comienza a publicar su obra *Hokusai Manga*, que significa «las caricaturas de Hokusai» o, literalmente, «dibujos (*ga*) informales (*man*)». Estas imágenes ya estaban ordenadas por viñetas y tuvieron una gran aceptación, sobre todo entre las clases populares, ya que logró publicar hasta quince volúmenes.

En la cresta de la ola en la costa de Kanagawa, ilustración que pertenece a la serie *36 vistas del monte Fuji* de Katsushika Hokusai, que fue el que acuñó el término *manga* en 1814 y uno de los máximos representantes del arte llamado *Ukiyo-e, «*pinturas del mundo flotante».

A principios del siglo XX aparece la obra *El viaje a Tokio de Tagosaku y Mokube* (1901) de Rakuten Kitazawa, que es considerado el primer cómic japonés de la era moderna. En esa época ya empiezan a sonar nombres de artistas de la historieta occidentales que influyen decididamente en los autores orientales, como Charles Wirgman y George Biggot, que nacieron bajo la influencia del incipiente cómic anglosajón, de finales del siglo XIX.

Durante las primeras décadas del siglo XX el *manga* se va asentando entre la población japonesa gracias a su continua difusión en los diarios, consiguiendo impactar en públicos variados tanto en la edad como en el origen social. Es en esta época cuando aparecen las primeras revistas que utilizan el estilo *manga* para entretener a los jóvenes, pero también para educar o informar sobre cualquier aspecto. A medida que se acerca la entrada de Japón en la Segunda Guerra Mundial aparecen *mangas* bélicos, en cierta forma propagandísticos, que por supuesto fueron prohibidos por las potencias aliadas tras su victoria en 1945.

A partir de esa fecha comienza una nueva etapa. La crisis económica derivada de la devastadora contienda fomenta el uso de otros canales de distribución, como los llamados *Kamishibai,* narraciones orales parecidas al teatro ambulante y que recorrían los pueblos cual trovadores modernos. El *Kamishibai* más famoso es *Ogon Bat* (1930 Suzuki / Nagamatsu), fue el primer superhéroe que aparece en un *manga*, un justiciero que tuvo muchas réplicas posteriores, incluso algunas de la década de los 70, cuarenta años después.

También proliferan en esa época las bibliotecas que prestan sus *mangas* y son cada vez más numerosos los famosos *Akabon* o «libros rojos», llamados así por sus tapas rojas, que eran volúmenes editados en blanco y negro y en papel de baja calidad. El resultado eran dos centenares de páginas de *manga* a un precio muy bajo, adecuado al limitado poder adquisitivo de la sociedad japonesa de la posguerra mundial.

1947 es una fecha decisiva en la historia del *manga*. Osamu Tezuka (1928-1989) publica *La nueva isla del tesoro*, un *Akabon* que logró vender cientos de miles de ejemplares y en el que ya se puede apreciar la influencia de los dibujantes americanos adscritos al estilo de la famosa Disney. Los ojos grandes y redondos, así como las pupilas expresivas, unidos a la estética simple pero estilizada de los dibujos orientales marcan el estilo que caracteriza al *manga* en la actualidad.

Tezuka es considerado el *mangaka*, así se llama a los dibujantes de *manga*, que más ha influido en los artistas actuales. Fue el primero en detenerse y dibujar

Osamu Tezuka (1928-1989) llamado «dios del *manga*». Fue el primero en conseguir expresar, con todo su dinamismo, la narrativa al estilo *manga*.

los pasos intermedios desde que comienza una acción hasta que finaliza, dando una expresividad y dinamismo a lo que podría haber sido un vulgar *story board* cinematográfico.

En ese mismo año de 1947 aparece la revista mensual juvenil *Manga Shonen*, la primera de contenido únicamente *manga*. Allí, y en 1951, Tezuka publica con gran éxito *Astroboy (Tetsuwan Atom)*, un *manga* infantil de corte futurista que se convertirá en 1963 en el primer serial de dibujos animados en el Japón. Los *manga* que se convierten en series animadas son conocidos en la actualidad con el término *anime*. Es tal la admiración por este dibujante que en el año 94 abrió sus puertas el *Museo de Manga Osuma Tezuka*, en la ciudad de Takarazuka.

Desde finales de los 60, y durante dos décadas, el *manga* se irá consolidando como un importante canal de comunicación en el Japón. Algunas series de éxito pasan a la televisión y consiguen traspasar el mercado y cosechar grandes niveles de audiencia en Occidente. La recuperación económica mueve el mercado del *manga* y comienzan a proliferar las revistas especializadas, como *Shonen Magazine*, de la editorial Kodhansha, en 1959. La confirmación del auge llega cuando logra competir con la oferta televisiva, manteniendo su cuota de incidencia, a diferencia del mercado del cómic occidental, que sufrió para sobrevivir al magnetismo de la llamada «caja boba».

Astroboy o *Tetsuwan Atom* (1951, Osuma Tezuka), todo un éxito. Después de décadas, todavía se puede encontrar publicado en España por la Editorial Glénat.

AKIRA

KATSUHIRO OTOMO

19 SALVAD A LOS N

.P. 450 PTAS

dragon Glénat

dad temática que podrían abarcar, algo que posteriormente se confirmó cuando estalló el fenómeno a nivel mundial, a finales de los 80. A principios de esa década empiezan a popularizarse los OVA (Original Video Animation), que son también los mismos dibujos animados, pero realizados en vídeo para su comercialización directa, sin necesidad de pasar por la televisión o las salas de cine.

Al principio de la década de los 90, la mayoría del *manga* estaba dedicado a los jóvenes, principalmente masculinos y adolescentes, ávidos de aventuras, englobados en lo que se llamó, y todavía se llama, *Shonen Manga*, *manga* para adolescentes o jóvenes. Pero es con el estallido comercial cuando empezamos a ver publicaciones para todas las edades, con temas y géneros muy variados; luchas, fantasías, retos deportivos, ambiente de colegiales, erótico, histórico... muchos de ellos cargados con mucha violencia o sexo explícito, algo muy criticado por algunos sectores conservadores.

Sin embargo, el poder mediático de la televisión era evidente. Aún así, el *manga* logró adaptarse al escenario audiovisual, y la mayoría de los éxitos del *anime* en televisión seguían naciendo en las historietas impresas en papel, en su mayoría, y todavía, en blanco y negro.

Mazinger Z (1972, Go Nagay), que al igual que en *Astroboy*, el protagonista es un robot, o *Heidi, la niña de los Alpes* (1974, Hayao Miyazaki) uno de los primeros melodramas infantiles, son dos ejemplos de *manga* convertidos al *anime* que triunfaron, y demostraban la varie-

La popularización de los videojuegos gracias a la extensión mundial del uso de los ordenadores personales, así como la aparición de consolas como la Nintendo primero, o la Play Station más tarde, logran mermar el mercado del *manga* en Japón. Sin embargo, vuelve a demostrar su capacidad de adaptación y muchos de los protagonistas de esos videojuegos han logrado su fama primero en el *manga*, o en el *anime*. Por el contrario, este pequeño declive comercial coincide con el despegue definitivo en los mercados estadounidenses y europeos.

Akira (1984, Katsuhiro Otomo) es un ejemplo de éxito en las dos plataformas. Como *manga* logró publicar casi dos mil páginas, hasta su finalización en 1993. En su versión *anime*, de 1989, consiguió penetrar el mercado occidental de películas animadas exhibidas en salas cinematográficas, compitiendo con las grandes producciones de animación creadas, principalmente, por la Disney. *Dragon Ball* (1984, Akira Toriyama), es otro ejemplo de un gran éxito, no solo en Japón, sino especialmente en España, con distintas versiones después de muchos años de su primera edición, incluso una en 2004. En la actualidad, los *mangas* de mayor popularidad siguen abarcando diferentes géneros, como *Rurouni Kenshin,* también conocida como *Samuray X* (1994, Nobuhiro Watsuki), ambientada en la era Meiji, a principios del siglo XIX, o *Love Hina* (1999, Ken Akamatsu), una comedia romántica para chicos en la época actual, o las aventuras infantiles del *Detective Conan* (Gosho Aoyama), que empezaron en 1994 y todavía hoy se sigue publicando, además de cientos de capítulos producidos en *anime*.

ESTILO MANGA

Hay muchas características que definen al *manga* y lo diferencian claramente del llamado cómic o historieta occidental.

Lo que más llama la atención al principio es la forma de leerse, que mantiene el sentido de lectura tradicional japonesa, de arriba abajo, pero de derecha a izquierda. De esta forma, la portada es nuestra contraportada, quedando a la derecha el lomo de la publicación. Aunque la mayoría de los lectores prefieren el sistema japonés, siempre se pueden encontrar algunos *mangas* publicados al estilo occidental.

Desde siempre se ha dibujado en tinta en blanco y negro, y solo algunas páginas, que pueden ser elegidas por su espectacularidad, se colorean, incluida la portada. Los trazos limpios, pero definidos, muchas veces no llegan a completar la forma y algunas superficies se rellenan con tramas, muchas o pocas, dependiendo del estilo.

El sistema de viñetas es el tradicional, pero hay mayor libertad a la hora de componer las páginas, por ejemplo, con ilustraciones que ocupan casi toda la hoja, sin cierres, o combinadas con viñetas de distintos tamaños. El contenido es importante, pero no más que la forma de distribuirlo, de presentarlo gráficamente al lector.

Por lo general el texto se sacrifica en la cantidad para dar paso a dibujos más expresivos, permanentemente acompañados de onomatopeyas, que no solo incluyen las típicas acciones dinámicas, sino también otros hechos más imperceptibles como el ruido del viento, o como ejemplo extremo, el sonido del silencio. Esta fortaleza visual permite comprender lo esencial de la historia, sin necesidad de dominar el idioma en que está escrita.

Pero es la descomposición de la acción en decenas de secuencias, y los distintos puntos de vista de los personajes que forman parte de la escena, lo que dota al *manga* de una fuerza narrativa y calidad artística muy

La mayoría de los *mangas* que se publican en Occidente mantienen el sentido de lectura japonés, es decir, de arriba abajo, pero de derecha a izquierda.

La onomatopeya es un recurso narrativo mucho más frecuente en el *manga* que en el cómic occidental, se pueden ver muchas páginas seguidas sin encontrar texto común.

superior, en general, a otras formas de contar historietas. Una buena descripción del concepto narrativo nos lo da Samuel Kozabue: «Si, por ejemplo, se trata de describir cómo un futbolista marca un gol, el narrador japonés mostrará en sucesivas viñetas (y probablemente páginas) el puntapié del futbolista, la trayectoria del balón (lo más lenta y detalladamente posible), el aliento contenido de los espectadores, la mirada anhelante de los demás jugadores, la tensión del portero que aguarda la llegada del balón y, por fin, la entrada de este en la portería; todo ello de manera absolutamente cinematográfica, secuencial, dotando de verdadero movimiento a instantes concretos, supuestamente detenidos en el tiempo».

Respecto a la técnica, recordar que la mayoría son trazos en blanco y negro, sin rellenar de color, que perfilan estilizadas figuras, de piernas largas, con una fuerte carga de sensualidad, y con el uso habitual de primeros planos de expresivos rostros que se complementan con otras viñetas que nos describen el ambiente, pero todo con un estilo sencillo y elegante, que va unido al concepto minimalista de las culturas orientales.

Esta forma de contar historias logra todavía mayor madurez y calidad literaria al estar acompañada de unos protagonistas marcadamente humanos, con una fuerte carga psicológica que los acerca al lector, al contrario del cómic occidental, que abusa de los protagonistas distantes, perfectos en su cometido y sin altibajos emocionales. En algunos *mangas* podemos conocer a los protagonistas desde su infancia, o juventud, y quizá una etapa de su madurez, y también pueden morir durante sus aventuras, algo poco usual en otros estilos de cómic. De esta forma se consiguen personajes bastante desarrollados, con dudas y épocas oscuras, también son superhéroes, solo que con un toque de carne y hueso, sobre todo en el aspecto emocional y existencial.

Y es que la cultura japonesa o, en general, la forma oriental de entender la existencia, influye decisivamente en los guionistas. El afán de superación, el honor o la fidelidad, son aspectos que aparecen en casi todas las historias, en temas diversos, y para públicos variados. Costumbres milenarias, como por ejemplo la ceremonia del té, pueden aparecer en *mangas* de temática futurista, y muchas de las tradiciones que pasan de generación en generación tienen un espacio en las historias cuando la trama se relaja y refleja el día a día de los protagonistas.

No podemos dejar de profundizar en la figura del *mangaka*, el artista que dibuja *mangas*, ya sea un dios, como el maestro Tezuka, o solo uno de los cientos de jóvenes japoneses que intentaron e intentan todavía encontrar un hueco para poder vivir de su pasión.

Como en cualquier otra profesión, para llegar a vivir bien del *manga* hay que estar entre los mejores, entre uno de los doscientos o trescientos artistas más reconocidos por los compradores, y apoyados por las editoriales. Muchos de ellos poseen sus propios estudios con decenas de jóvenes dibujantes, que sueñan con tener algún día su propio estudio. Para los que no han conseguido la fama existen mercados paralelos donde los dibujantes pueden enseñar ediciones mucho más baratas, llamadas *dojinshi* y así, por lo menos, mostrar su trabajo.

Para los triunfadores, es un trabajo que exige extrema dedicación, porque si una historia tiene éxito, el *mangaka* tendrá que dibujar o diseñar esos personajes durante años, incluso décadas... Por otro lado, es el *mangaka*, dentro de los límites que el mercado le impone, el que suele decidir la vida y las circunstancias de sus creaciones. Por supuesto, muchos *mangas* se realizan entre un guionista y un dibujante, o un equipo, como CLAMP, un grupo de *mangakas*, todas ellas féminas, que arrasan desde principios de este siglo en el mercado del género *Shojo*.

GÉNEROS Y LECTORES

Uno de los motivos principales del éxito del *manga* como manifestación artística es la cantidad de géneros y la variedad de lectores. Desde *mangas* educativos para niños, pasando por romances para adolescentes, aventuras para jóvenes, o de temática erótica para adultos; hasta un simple manual de instrucciones puede utilizar el estilo visual del *manga* para enseñarnos el manejo de cualquier artefacto casero.

Hay que aclarar que hay muchos lectores de *manga*, por ejemplo masculinos y adultos, que pueden sentirse atraídos por historias diseñadas para adolescentes, incluso por aquellas destinadas al público infantil. Según el tipo de lector la clasificación sería:

Kodomo Manga. Está dirigido a los más pequeños. Las historias son sencillas y se mezcla lo cotidiano con un toque mágico.

Shonen Manga. Es quizá el de mayor número de publicaciones junto con el *Seinen*. Está dirigido principalmente a adolescentes masculinos. Suelen tener mucha acción, aventuras futuristas con el universo en peligro, guerreros legendarios, la eterna lucha entre el bien y el mal. Los romances no tienen excesiva importancia en la trama principal, aunque siempre hay un ligero toque sensual en el diseño de los personajes.

Candy Candy (1975, Mizuki/Igarashi), uno de los primeros ejemplos de historias juveniles melodramáticas.

Shojo Manga. Para chicas adolescentes. El tema principal son las relaciones sentimentales entre las parejas o los problemas propios de las amigas durante la adolescencia. Son personajes muy emocionales, pero poco a poco este género incorpora temáticas más agresivas, más sensuales y con ambientes y protagonistas más a la moda de las aventuras de acción y de la apertura sexual del mercado del entretenimiento.

Seinen Manga. Los lectores son chicos jóvenes y adultos. Es como subir un peldaño; la violencia es mucho más explícita, el sexo tiene bastante presencia y puede abarcar temas tan dispares como la política, los deportes, las aventuras profesionales de un ejecutivo u otros temas de corte más social y popular.

Josei Manga. Se podría calificar como una categoría menor por el número de lectoras, básicamente está dirigido a mujeres jóvenes o adultas y que necesitan algo más de madurez en las historias que las tramas tipo *Shojo*.

En Occidente los lectores son principalmente jóvenes, y sobre todo adolescentes. Al comprobar el amplio espectro de lectores de *manga* japoneses podemos

entender la infinidad de géneros o clasificaciones temáticas que se pueden realizar del universo *manga*. Desde el género *Mechas*, que son robots gigantes manejados por el protagonista, pasando por el *Maho Shojo* de las chicas con poderes mágicos, hasta el *Seijin Manga*, el erótico y a veces pornográfico, conocido en nuestras culturas como *manga Hentai*.

El *manga*, como cualquier otra manifestación artística, no es ajeno a la influencia de las nuevas tecnologías en las vidas de los seres humanos. La ciencia ficción nutre la mente de los *mangakas*.

La interacción entre humanos y máquinas, o la lucha atormentada de los mutantes para recuperar su perdida condición humana, son temas habituales del *manga*, todo ello envuelto en lejanos universos, guerreros legendarios y chicas con poderes sobrenaturales.

Pero no todo es tan «cósmico». Muchas de las series que han conseguido mayor aceptación, ya sea en el *anime* o en el *manga*, tratan aspectos cotidianos de la vida familiar, la escuela o el trabajo. Aunque es verdad que siempre hay un toque, aunque sea ligero, que traspasa la realidad y se acerca a lo mágico, lo irreal o lo oculto.

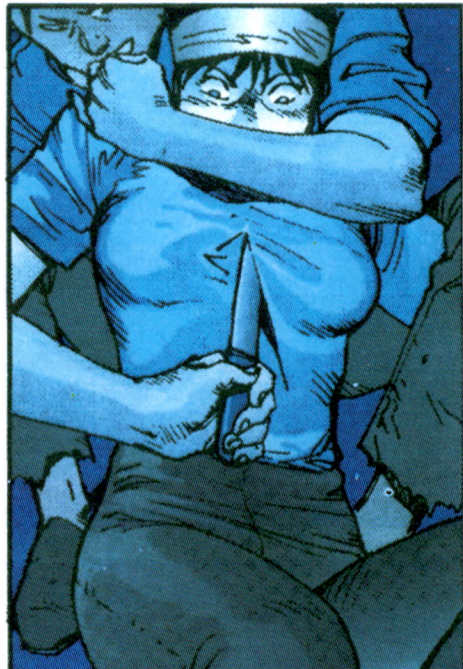

Akira (1982, Katsuhiro Otomo).

Dragon Ball (1984, Akira Toriyama). Esta historia de luchas de artes marciales fue un éxito sin precedentes en España, motivo para que siga publicándose por Planeta DeAgostini.

ULTIMATE EDITION

16

PLANETA DeAGOSTINI®

Las tribus urbanas, incluidas sus estéticas musicales, también forman corrientes en el *manga*. Géneros como el *cyberpunk* han cuajado con fuerza; la mezcla del mundo tecnológico con una visión desgarradora de las sociedad ha producido obras de gran impacto como la ya mencionada *Akira*, o *Ghost in the shell* (1995, Masamune Shirow).

Llama la atención que historias que se desarrollan en ambientes actuales, que destacan el triunfo del esfuerzo, como en muchos *mangas* deportivos, o sencillas tramas de superación escolar con pequeñas aventuras, comparten el estrellato con las grandes sagas futuristas con deslumbrantes despliegues de imaginación y animación. De lo cotidiano a lo mágico, lo que importa no es solo la historia, más bien al contrario: es la forma en que los *mangakas* la cuentan.

DIBUJOS ANIMADOS, *EL ANIME*

El origen de la animación japonesa lo podemos encontrar en algunos cortos animados de principios del siglo XX, y solían ser de temática folclórica. A mediados del siglo salen los primeros largometrajes animados japoneses para el cine, algunos con estilo Disney, la mayoría de temática infantil, o político-históricos, como uno famoso sobre el bombardeo de Pearl Harbor.

En cualquier caso, los temas, los géneros y los personajes son los mismos del *manga*, solo que en algunas historias los argumentos cambian, o varían los nombres, siempre dependiendo de las exigencias de los productores, y del mercado al que van destinados. Por lógica, las series de *manga* que se afianzan en el mercado son las candidatas a convertirse en *anime*. Una de las razones del éxito del *anime* es que engancha a sus seguidores por su continuidad a lo largo de los meses, sin perder el argumento central, que se puede ir desarrollando al margen de cada uno de los episodios.

La forma de narrar del *anime* podría estar entre el estilo de los *mangas* y los dibujos animados occidentales, aunque más cerca de los primeros. Las figuras no están tan animadas, muchas veces el personaje está quieto, y mueve solo la boca, mientras el fondo va cambiando, dando velocidad y dinamismo a unas figuras sin que apenas se muevan. Esta sensación de combinar movimiento con figuras estáticas se refuerza por el menor número de fotogramas por segundo.

Dibujo *manga* pintado al óleo.

El primer *anime* en color es *Kimba, el león blanco*, como siempre, de Tezuka. Fue un gran éxito y algunos críticos insinúan que Disney se fijó en ella para realizar una de sus producciones estelares dentro de la animación cinematográfica, *El Rey león*. Años más tarde, *Akira*, de Otomo, difundió el potencial del *manga* como estilo de animación para proyectarse en salas comerciales, con gran éxito en Occidente y, en 2003, *El viaje de Chihiro*, de Hayao Miyazaki, confirmó todas las expectativas del *anime* al ganar el prestigioso premio *Oscar*, en la cuna del cine mundial.

EL FENÓMENO MANGA

En Japón todo el mundo lee desde corta edad. Se calcula que cerca del 40 % de las publicaciones japonesas, entre libros y revistas, tienen el sello *manga*. La mayoría de las principales revistas supera el millón de ejemplares de tirada, pero el récord lo tiene *Shonen Jump*, con casi seis millones semanales.

Las revistas pueden ocupar cientos de páginas y en ellas se publican las entregas de las historietas del momento. Una vez finalizada la serie, o incluso antes, se editan tomos recopilatorios para los más adictos, ya realizados con una edición de mejor calidad.

Como dato curioso, añadir que la mayoría de las publicaciones se tiran, o se regalan, o se reciclan. Son como revistas, una vez leídas no tiene sentido conservarlas, al contrario que en Occidente, que el coleccionismo va unido al *manga*. Claro que es verdad que en Japón el espacio es un bien muy preciado y cada semana se publican miles de toneladas de papel *manga*.

Sin duda la fiebre *manga* se ha extendido por todo el planeta. Japón se ha quedado pequeño y en todos los países encontramos clubs de *otakus*, que es el nombre que se utiliza en Occidente para definir a los fanáticos del *manga*. En Japón no se utiliza tanto ese término ya que su uso allí es mucho más despectivo y crítico, además se aplica cualquier tipo de fanatismo u obsesión en temas tan dispares como el *manga*, los automóviles, o todo aquello relacionado con la informática. Los *otakus* aprenden canciones en japonés, practican artes marciales, se cortan y se pintan el pelo como en las historietas y pueden incluso, los extranjeros, pensar

Ejemplo de alguna viñeta del interior de *Detective Conan* (Gosho Aoyama). Planeta DeAgostini Cómics.

De todos modos los hechos siempre son los que confirman las teorías. ¿Quién no tiene un ser querido que no haya caído en las redes del *manga*?

en pasar sus vacaciones en Japón, para empaparse más todavía de su cultura, en la cuna de este fenómeno de comunicación de masas. Uno de los entretenimientos típicos de los *otakus* es disfrazarse de sus personajes preferidos, lo que se llama *cosplay* (juego de disfraces) y para disfrazarse, el *manga* tiene un rico repertorio de seres extraños y llamativos.

La masificación de Internet ha provocado la aparición de multitud de sitios web de temática *manga*, algunos dedicados exclusivamente a una serie o personaje estelar.

El *merchandising* sobre los personajes de las series de éxito ha sido una inyección económica para superar la crisis que comenzó a principios de los 90. En el mercado podemos encontrar los típicos cromos, figuras de plástico, peluches, disfraces, afiches, bandas sonoras o los comentados videojuegos.

Ejemplo gráfico de un dibujo de *Saint Seiya, Los caballeros del zodiaco* (Masami Kurumada). Glénat.

PASO A PASO

¿QUÉ ES DIBUJAR?

La capacidad de dibujar es la capacidad de mirar, de percibir la realidad que ves de un modo diferente y plasmarla en un papel. Enseñar a dibujar se podría decir que es igual que enseñar a mirar, porque está claro que hay muchas formas de mirar.

No es lo mismo mirar un paisaje espléndido, disfrutar de esa visión, que «leer» todo lo que está componiendo ese paisaje. Podemos percibir los bordes que definen el horizonte; quizá, si son poco definidos, comprenderemos la sensación de lejanía que teníamos al mirar la obra. Podemos analizar las luces y las sombras que inciden en el paisaje dependiendo de la hora en que lo estamos viendo; esas sombras pueden ser duras, como las producidas por el sol de mediodía, o suaves por la luz filtrada del sol del otoño. En definitiva, detener el tiempo y analizar técnicamente lo que estamos viendo y luego plasmarlo en un dibujo, independientemente del estilo que hayamos escogido para dibujarlo.

Las obras se componen de distintos elementos, debemos aprender a mirarlos y a dibujarlos desde una perspectiva individual para luego integrarlos en el conjunto de la obra.

«El pintor dibuja con los ojos, no con las manos. Sea lo que sea lo que ve, si lo ve **con claridad,** puede dibujarlo».

Maurice Grosser (*The Painter´s Fye*)

En este libro partimos de la base de que los lectores saben dibujar y que lo que tienen por objetivo es aprender los diversos géneros y estilos que se utilizan en el *manga*. Conocer qué personajes son los más habituales, cómo son, cómo se visten, sus características principales... Por este motivo, las explicaciones que damos acerca de cómo dibujar los bocetos en lápiz son simples y reducidas, y pondremos más énfasis en lo que dibujamos, que en el cómo lo dibujamos y, también, en la manera en que vamos a dar color a esa ilustración.

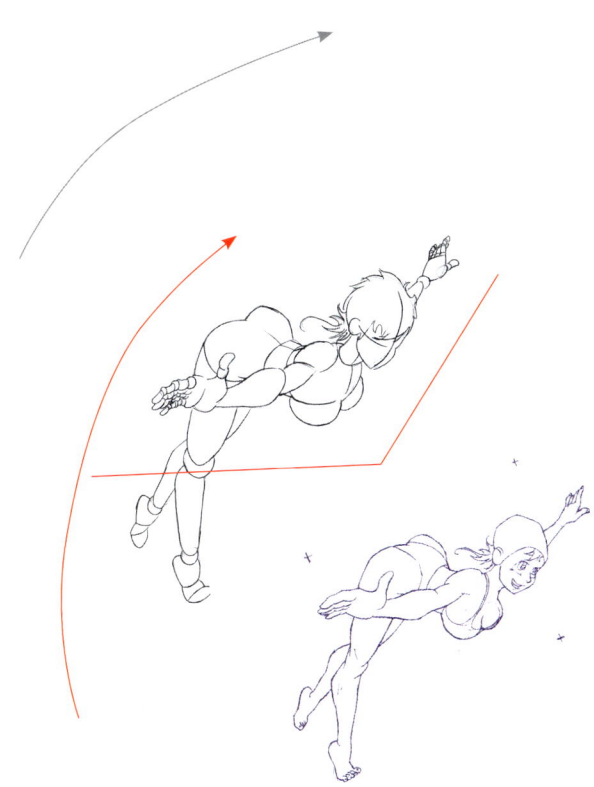

PHOTOSHOP

Para dar color al dibujo *manga* podemos utilizar cualquier técnica pictórica que queramos, lápices, acrílicos... Pero sin ninguna duda la técnica más apropiada para colorear es digital.

De los programas que existen en el mercado nos hemos centrado en el más conocido, el Adobe Photoshop, literalmente «la tienda de la foto».

Y es que con este programa podemos realizar todo lo necesario para obtener un acabado en color digno de cualquier *manga* de los que encontramos en las tiendas.

Vamos a aprender a seleccionar y colorear cualquier parte del dibujo, a proyectar luces y sombras con prácticas herramientas que nos permiten ir viendo los efectos de volumen sobre la figura, a utilizar los filtros para dar sensación de movimiento... Las posibilidades son infinitas. En esta primera parte estudiamos las técnicas principales que luego vamos a desarrollar en cada uno de los ejemplos, pero recuerda, es importante trabajar con orden y sin prisas. El Photoshop hace milagros, pero nada puede sustituir valores como la planificación, la dedicación y la paciencia para obtener excelentes resultados.

HERRAMIENTAS DE PHOTOSHOP

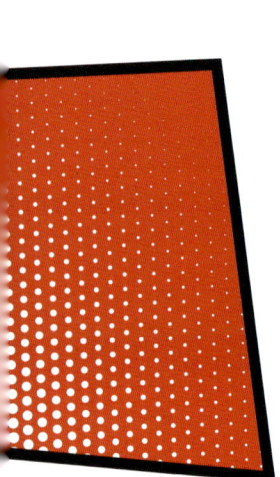

Selección	Mover
Lazo para seleccionar	Varita mágica
Cortar	Sector
Corrector	Lápiz y pincel
Clonar	Pincel de historia
Borrador	Degradado
Enfoque y desenfoque	Sobreexponer y subexponer
Seleccionar trazado	Texto
Pluma	Línea
Notas	Cuentagotas
	Zoom
Color frontal	Color de fondo
Formas de ver la pantalla	

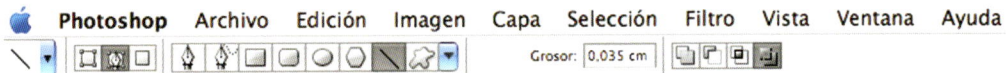

El programa tiene un menú principal con las siguientes opciones:

- *Archivo (donde se crean, guardan, imprimen, importan, exportan... los documentos e imágenes).*
- *Edición (donde se manipulan las imágenes, cortar, pegar, transformar, distorsionar...).*
- *Imagen (donde se da tamaño, tono, color... a las imágenes).*
- *Capa (donde se permite jugar con las imágenes, duplicarlas, dividirlas...).*

- *Selección (donde se señala la parte que nos interese y donde se modifica esa selección).*
- *Filtros (donde se aplican diferentes efectos).*
- *Vista (donde te muestra lo que ves en la pantalla y la posibilidad de cambiarlo).*
- *Ventanas (donde se muestran las distintas herramientas de las que dispone).*
- *Ayuda.*

PHOTOSHOP PASO A PASO

Vamos a trabajar con un dibujo a línea cualquiera que tengamos, lo escaneamos a una resolución de 300 píxeles por pulgada a tamaño real. Una vez escaneado, abrimos el fichero con el programa Photoshop, lo pasamos a CMYK en el menú *modo* y nos disponemos a comenzar a colorear paso a paso.

> **¡OJO!**
> Si vemos que la selección se amplía a toda la pantalla es que en alguna parte la línea no estaba cerrada.

1 Seleccionamos la línea con la *varita mágica* pinchando sobre la misma.

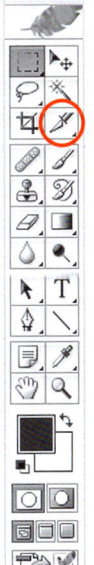

Para asegurar una selección correcta, ir al menú de selección y aplicar seleccionar *similares*.

2 Una vez seleccionada la línea, crear otra capa y pegar la línea sobre ella.

De esta forma, el contorno de la figura queda separada de la capa del fondo, y la capa del fondo se rellena de blanco.

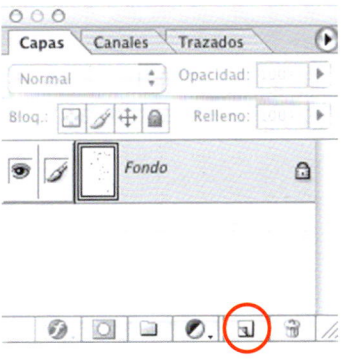

3 Pinchando con la *varita mágica* seleccionamos una a una las zonas para colorear.

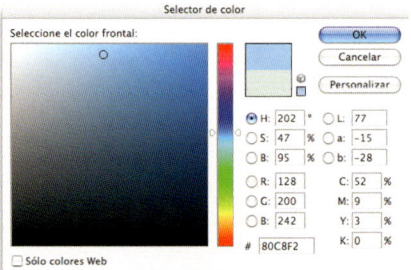

4 Pinchamos en el color frontal y se nos desplegará una pantalla que se llama *selector de color* donde podremos escoger el color que queramos.

5 Para darle las sombras y las luces agrupamos las capas donde haya color y en la ventana de curvas de color que se despliega del menú principal imagen en la opción ajustes.

Oscurecer

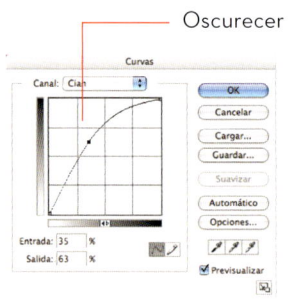

Aclarar

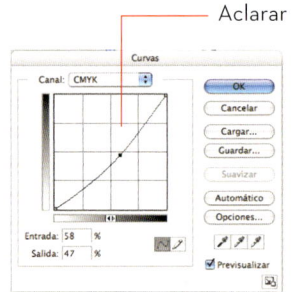

6 Una vez que tengamos el dibujo terminado, agrupamos todas las capas. En la ventana de *capas* se despliega un menú donde tienes la opción de *acoplar imagen*.

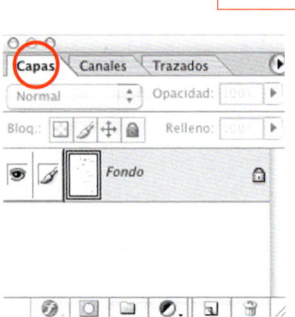

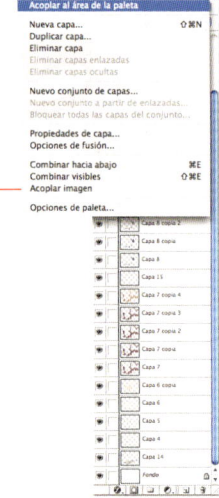

Una vez acoplada la imagen, guardamos el documento como formato TIFF para que mantenga en el documento la mayor resolución.

FANTASÍA

La fantasía es una de las partes más importantes del *manga* rosa, es decir, aquel en el que el tema principal es el romanticismo, en todas sus facetas, y está englobado dentro del llamado *Shojo Manga*, dirigido a adolescentes, sobre todo chicas. Por eso no es extraño que muchas de las historias versen sobre el despertar emocional y sexual de las jovencitas japonesas, ávidas de emociones, como en cualquier parte del mundo. La fantasía convive perfectamente con cualquier tipo de *manga*, en casi todas las historias nos encontramos con seres fantásticos, que conviven con los humanos.

Son frecuentes las historias de princesas que se desarrollan en ambientes medievales, castillos en las nubes, hadas sensuales o ángeles mágicos en ciudades futuristas. Los romances pueden darse entre humanos y esos seres fantásticos, pero no siempre es tan idílico, la acción y la violencia también están presentes. La mayoría de ellos son seres elegantes, estilizados al máximo, cercanos al ideal, tanto en el físico como en la forma de ser. Las princesitas son seres más reales, suelen ser jovencitas, de aspecto frágil y delicado, pero muchas veces tienen pequeños poderes para lograr, casi siempre, un final feliz.

No todos los personajes de este estilo son protagonistas. Algunos son secundarios, como la mujer gata, que aparece frecuentemente en los *mangas* de fantasía, e incluso en otros no tan imaginativos. Este felino puede ser más simpático e inocente, o más sensual, adaptándose al nivel de cada historia.

Angel Sanctuary (1996, Kaori Yuki) es un claro exponente de genéro fantástico en el *manga*. Narra la historia de un joven que se enamora de su hermana. El toque prohibido está en que ella le corresponde, algo que no gusta mucho a su madre, claro. Después se reencarna en ángel y luchará junto a demonios buenos contra las fuerzas del mal. El juego entre lo divino y lo humano, lo satánico y lo celestial, rompe con tópicos como el pensar que todos los demonios son malos.

Otro de los éxitos es *Steel Angel Kurumi* (1998, Kaishaku), exponente del género *Yuri*, que trata los romances entre mujeres. Es un *manga* relajado, divertido y sensual, en el que no existe el típico malo de la película. Las Steel Angel se dedican a complacer a su amo y la trama gira en torno a esas relaciones y las competencias entre ellas, muchas veces provocadas por malentendidos, algo habitual en el *manga*, típico de cualquier comedia.

Angel Sanctuary, de Kaori Yuki, editado en 1996 por Hakusensha. Publicado en 2004 en España por *Mangaline* Ediciones.

PRINCESITA

Proyecto I

1 Imaginamos una posición con algo de movimiento y que le dé un poco de ingenuidad al personaje y trazamos unas líneas y círculos para bocetar el dibujo.

Un personaje conmovedor del *manga* de fantasía. Ya sea en un ambiente medieval o futurista, los peligros acechan a esta princesita de excelentes modales, tímida y delicada. Tendrá que viajar junto a sus consejeros para salvar al reino, o a su real persona, de los malvados que intentarán secuestrarla o envenenarla, diabólicas estrategias que se estrellarán contra un final feliz... Su amado, siempre a su lado pero en segundo plano, será una pieza esencial en el momento de combatir o de aconsejar a su consentida princesa. Toda ella es sentimiento, por eso en ocasiones logra conmover incluso a sus enemigos.

Tiene apariencia fina, y tan delicada que parece que no va a poder soportar los rigores de las aventuras en las que se ve envuelta. Viste ropa elegante y detallada, de telas escogidas, propia de su rango y de los reinos medievales. Es innegable que su imagen despierta ternura y protección.

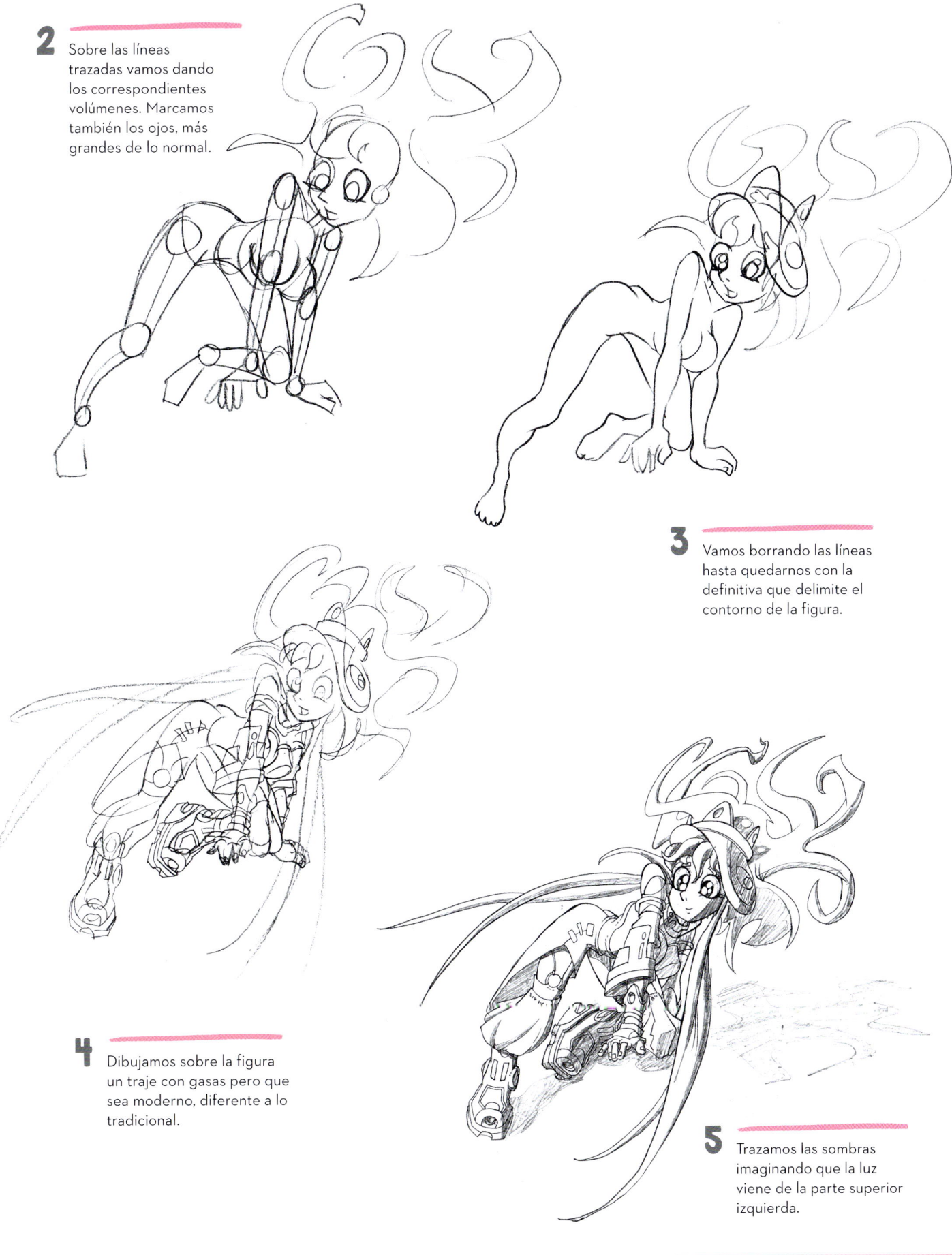

2 Sobre las líneas trazadas vamos dando los correspondientes volúmenes. Marcamos también los ojos, más grandes de lo normal.

3 Vamos borrando las líneas hasta quedarnos con la definitiva que delimite el contorno de la figura.

4 Dibujamos sobre la figura un traje con gasas pero que sea moderno, diferente a lo tradicional.

5 Trazamos las sombras imaginando que la luz viene de la parte superior izquierda.

6 Seleccionamos las distintas zonas del dibujo y le damos color.

7 Abrimos la ventana de degradado para imprimirle al pantalón el movimiento y el volumen de la tela.

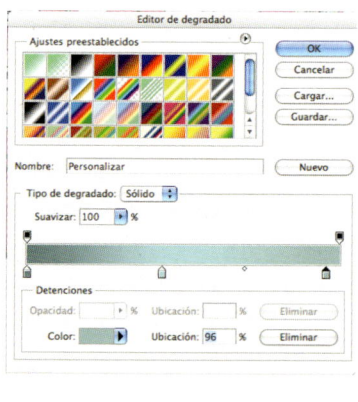

8 Utilizamos colores suaves (pastel, azules, rosas, verdes) e intentamos jugar con degradados para otorgarles más movimiento a las telas.

9 En las botas aplicamos los colores que hemos utilizado en el resto del dibujo para crear un estilo más infantil y también utilizamos los degradados para que sea más fantástico e irreal.

10 Seleccionamos la zona de sombra y después de agrupar las capas aplicamos en la selección las curvas de color y oscurecemos los tonos.

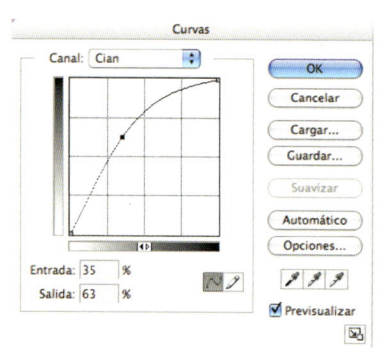

11 Seleccionamos unos puntos donde imaginamos que la luz que llega puede ser más intensa. Buscamos más el efecto de crear volumen que de crear realidad. Una vez seleccionados, con las curvas de color le bajamos los valores, aclarando las zonas.

FONDOS Y FILTROS

Seleccionamos el negro del contorno y lo convertimos en un azul.

Con la herramienta tono saturación le damos un color de fondo. Bajamos la luminosidad y conseguimos que el blanco tenga un tono, y aplicando saturación y variando la tonalidad, buscamos el color deseado.

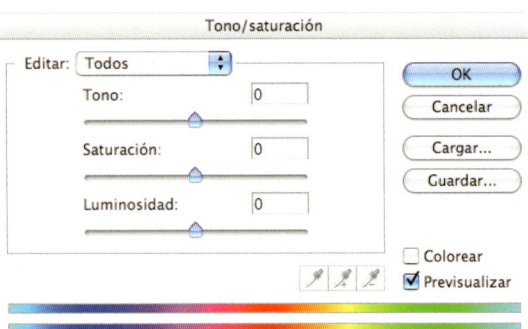

1 MOVIMIENTO

Duplicamos la capa de la princesa y sobre ella aplicamos dicho filtro otorgándole una dirección previa. La distancia que marcamos es bastante grande para dar más movimiento. Luego distorsionamos un poco el efecto para crear perspectiva y le restamos un poco de opacidad a la capa.

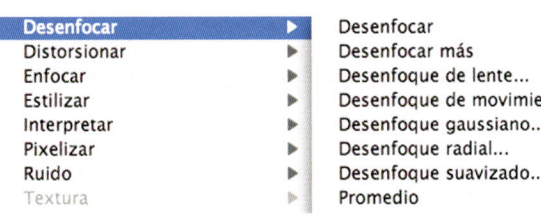

Desenfocar	▶	Desenfocar
Distorsionar	▶	Desenfocar más
Enfocar	▶	Desenfoque de lente...
Estilizar	▶	Desenfoque de movimiento...
Interpretar	▶	Desenfoque gaussiano...
Pixelizar	▶	Desenfoque radial...
Ruido	▶	Desenfoque suavizado...
Textura	▶	Promedio

2 VIENTO

Este filtro lo hemos aplicado exclusivamente en el personaje y su sombra para mostrar bien la diferencia entre el movimiento que da en el contorno respecto del fondo.

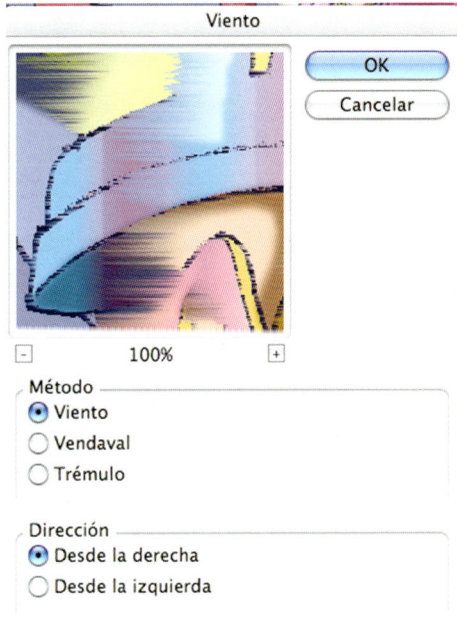

3 NUBES

Duplicamos la capa del fondo sin la sombra de la princesa y le aplicamos el filtro de nubes.

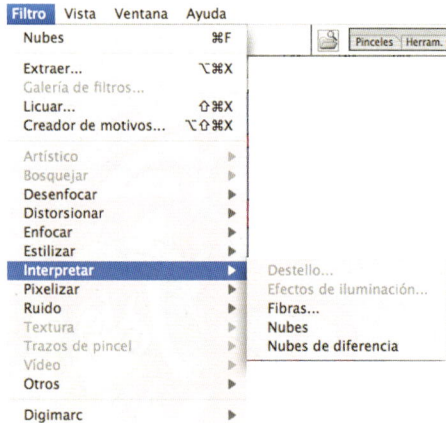

Luego, con la goma, seleccionando un pincel de 900 o 1000 y una opacidad del 34 %, borramos parte de las nubes, permitiendo que aparezca de nuevo la capa de abajo con la sombra de la princesa y la tonalidad de fondo plana.

Jugando con la herramienta de *tono y saturación* podemos acceder a distintas posibilidades cromáticas del dibujo.

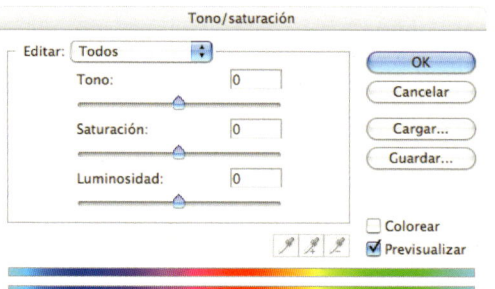

MUJER GATA

Proyecto II

1 Buscamos una posición que sea adecuada y trazamos unas líneas que insinúen la dirección del dibujo. Trazamos también unos círculos que insinúen las distintas extremidades.

Es típico del *Hentai Manga* (erótico o pornográfico), pero también aparece en otros géneros, calificados para todos los públicos, como un personaje secundario, aunque siempre bastante definido. En el *manga* la mezcla de ser humano y felino siempre da como resultado una mujer gata. Aunque en un principio pueden parecer esquivas, la realidad es que son cariñosas y cálidas. La carga de sensualidad siempre es alta. Eso no significa que no sepan defenderse, su agilidad y flexibilidad las hacen rivales difíciles de someter. Según las ocasiones, puede caminar como los humanos, o correr y saltar como los felinos.

Lleva ropa muy pequeña y elástica para poder realizar sus saltos felinos. El rabo y las orejas son de gata, se viste con guantes y pantuflas imitando unas garras, y los ojos rasgados hacia arriba miran con fijeza mientras adopta una posición de observadora de todo lo que le rodea. Irradia sensualidad y nunca pasa desapercibida, ya que siempre lleva colgado un cascabel que la va delatando.

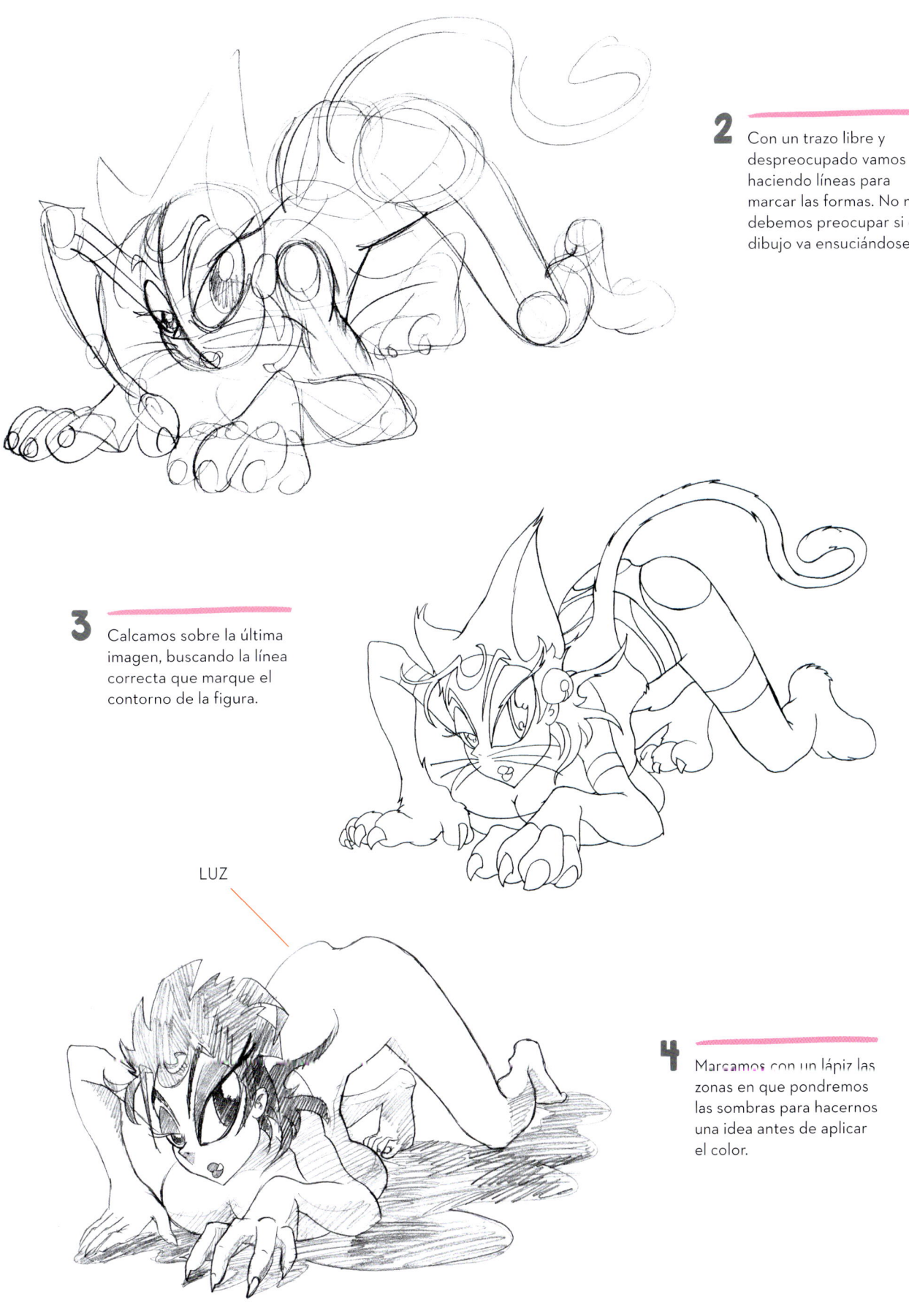

2 Con un trazo libre y despreocupado vamos haciendo líneas para marcar las formas. No nos debemos preocupar si el dibujo va ensuciándose.

3 Calcamos sobre la última imagen, buscando la línea correcta que marque el contorno de la figura.

LUZ

4 Marcamos con un lápiz las zonas en que pondremos las sombras para hacernos una idea antes de aplicar el color.

5 Coloreamos zona a zona el dibujo, utilizando una capa diferente para cada zona coloreada.

6 A las orejas y al pelo le damos el mismo color, siguiendo las características que suelen tener las mujeres gata en los cómic *manga*.

7 Seleccionamos otra parte del dibujo y se rellena del color elegido.

LUCES Y SOMBRAS

1 Aplicamos las sombras utilizando la herramienta de sobreexponer-subexponer, con un pincel que no sea excesivamente grande y con una opacidad de un 60 %.

2 De igual forma aplicamos las luces utilizando la herramienta de sobreexponer, con un pincel que no sea excesivamente grande y con una opacidad de un 40 %.

3 Duplicamos la capa del traje de la mujer gata.

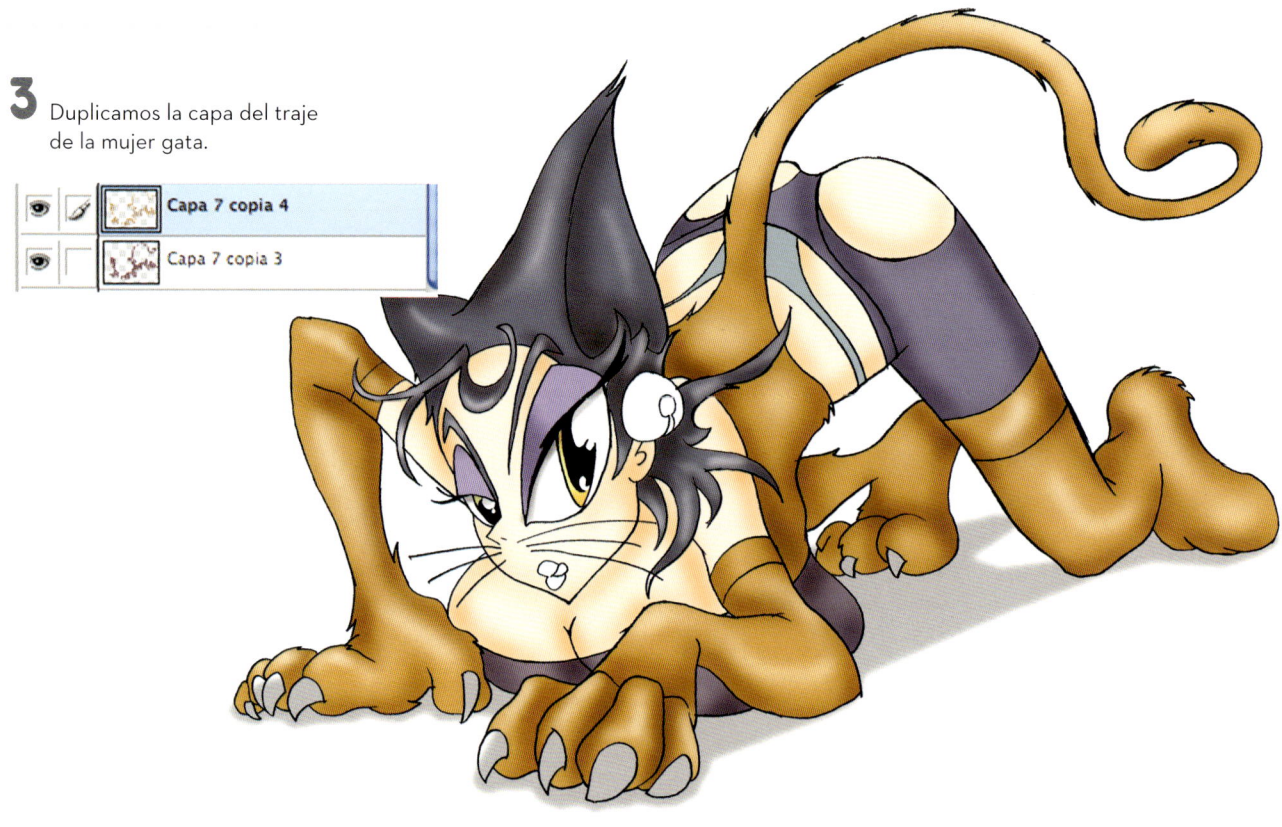

4 A cada uno de ellos le asignamos un color diferente. Un color morado y un color marrón para poder crear un efecto entre real y fantástico.

5 Luego, con la herramienta de la *goma de borrar* en la capa que esté por encima, vamos borrando con una opacidad del 70 % por algunas zonas del traje, permitiendo que vaya apareciendo el color del traje de la capa que está debajo y creando de esta manera un efecto más real y original.

6 Ese mismo recurso se ha utilizado para colorear la sombra de los párpados: mezclando un tono rosa y un tono azul.

7 Trazamos una sombra debajo de la mujer gata para infundir un poco más de realismo.

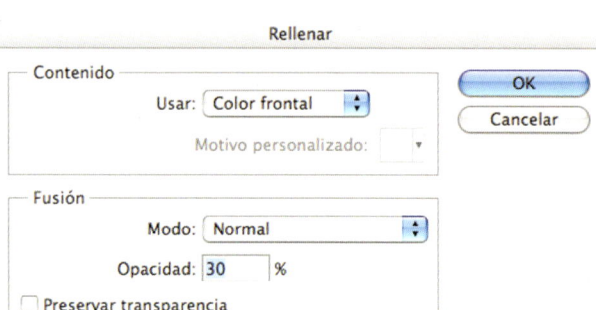

Seleccionamos la supuesta zona de sombra y le aplicamos un calado de 15 píxeles.

8 En el menú *edición*, en *rellenar* le aplicamos un relleno del color frontal, supuestamente el negro, y de una opacidad del 30 %.

Rellenar

Contenido

Usar: Color frontal

Motivo personalizado:

OK
Cancelar

Fusión

Modo: Normal

Opacidad: 30 %

☐ Preservar transparencia

9 Finalmente acoplamos la sombra al dibujo y al resto de las capas. Es conveniente guardar una copia con todas las acciones para poder modificar colores o texturas.

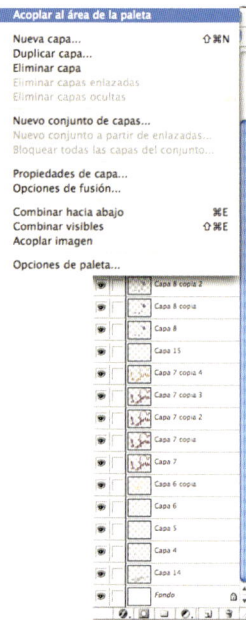

ÁNGEL

Proyecto III

2 Incorporamos unas alas con un poco de movimiento y seguimos trazando líneas y volúmenes con un trazo libre y seguro.

1 Vamos a imaginar un ángel descendiendo o en una posición que sugiera flotabilidad y trazamos unas líneas que boceten la posible postura.

Un joven cualquiera, normal, quizá un estudiante, que por circunstancias únicas y especiales del destino se convertirá en el ángel protector de los humanos a los que defenderá de los ataques contra el planeta Tierra. El *manga* acorta la distancia entre humanos y ángeles, estos se mezclan con las personas, en absoluto los consideran inferiores. Por el contrario, ellos son vistos como divinidades superiores, rebosantes de sabiduría celestial.

Siempre aparece cuando otro protagonista está en una situación extremadamente difícil, algunas veces le ayudará en la lucha, pero lo fundamental es que le aconseja y le guía por el camino correcto. Es defensor de los débiles porque esa es su misión, ayudar, pero jamás aceptará órdenes de nadie, solo actúa según su criterio. Su porte es elegante, estilizado, propio de una divinidad, pero de apariencia humana, excepto por las alas, por supuesto.

El ángel masculino es el protagonista de muchos *mangas* para chicas. También se encuentran ángeles femeninos, pero con menos frecuencia.

3 Pasamos a una sola línea, ya más definida y definitiva, y buscamos una mirada que recuerde ingenuidad y dulzura.

4 Buscamos unas prendas de vestir modernas, que conviertan al ángel en un personaje cualquiera, quizá una estudiante joven.

5 Eliminamos todas las líneas que no sirvan y trazamos la definitiva, firme y continua.

6 Vamos seleccionando partes del dibujo, (la chaqueta, pantalones, etc.) y a cada una de ellas le asignamos un color determinado.

7 Mantenemos cada parte del ángel (pelo, piel) en capas separadas. Seleccionamos un color para el pelo del ángel y lo aplicamos con la herramienta rellenar.

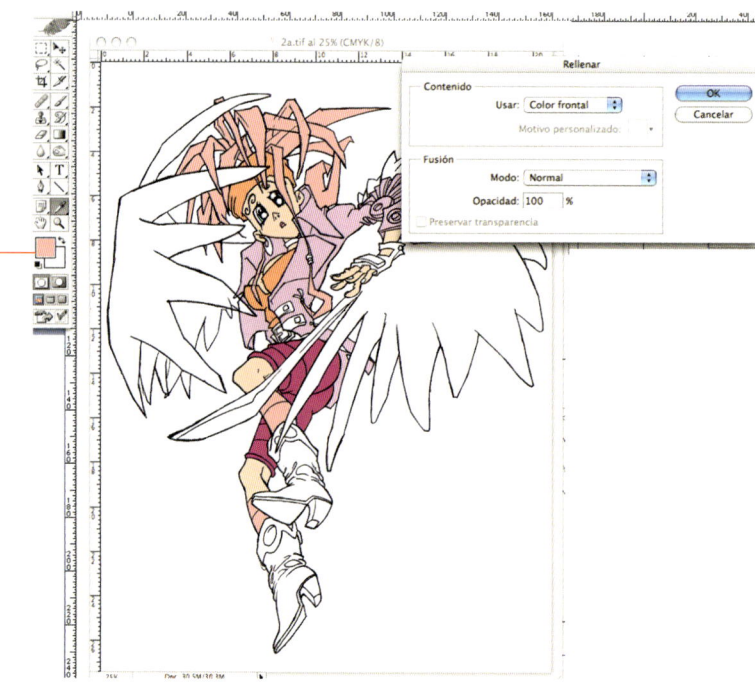

8 Cambiamos el tono del contorno. El negro lo convertimos en azul para que el ángel tenga más suavidad.

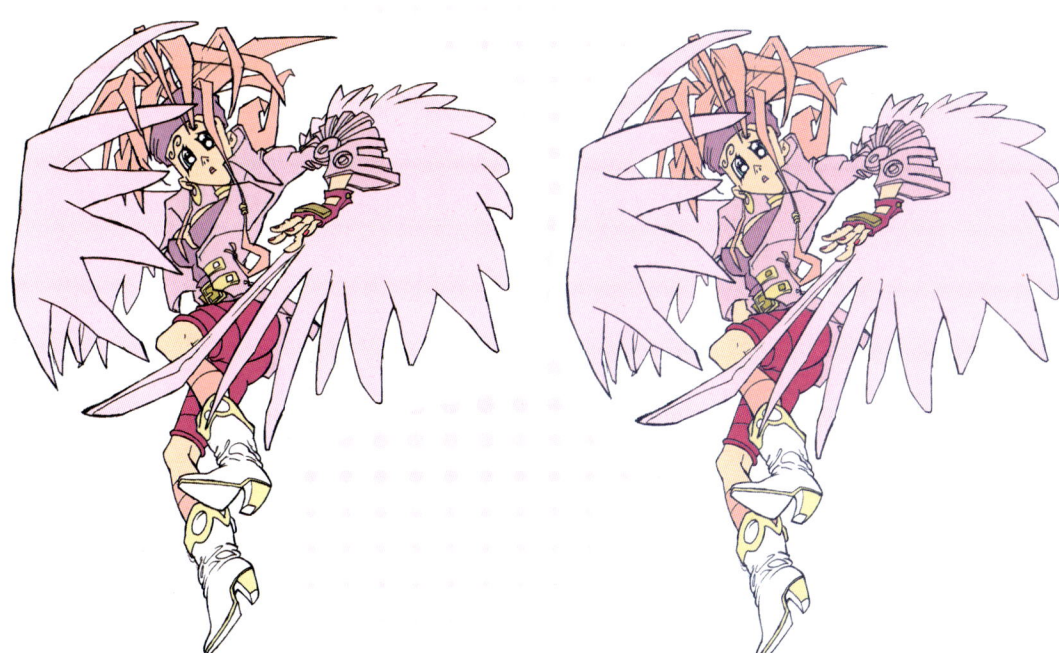

LUZ

9 Imaginamos que la luz viene de arriba y trazamos la zona de sombra del dibujo.

10 Agrupamos las capas para poder aplicar la sombra correspondiente. Utilizamos la herramienta de curvas de color. Subimos más el cian y el magenta que el resto, para suavizar el tono de la sombra.

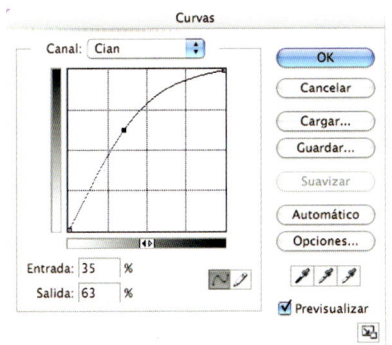

Curvas

Canal: Cian

OK
Cancelar
Cargar...
Guardar...
Suavizar
Automático
Opciones...

Entrada: 35 %
Salida: 63 %

☑ Previsualizar

11 Aplicamos las luces con la herramienta de sobreexponer.

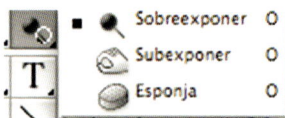

12 Seguidamente seleccionamos el rango: medios tonos. Le damos un valor al tamaño del pincel de 43 y una exposición del 28% para que no sea demasiado fuerte y nos elimine los colores convirtiéndolos en blanco.

CONSEJO

Si queremos convertir el dibujo en un solo tono, daríamos a colorear dentro de la aplicación tono saturación y elegiríamos el color deseado.

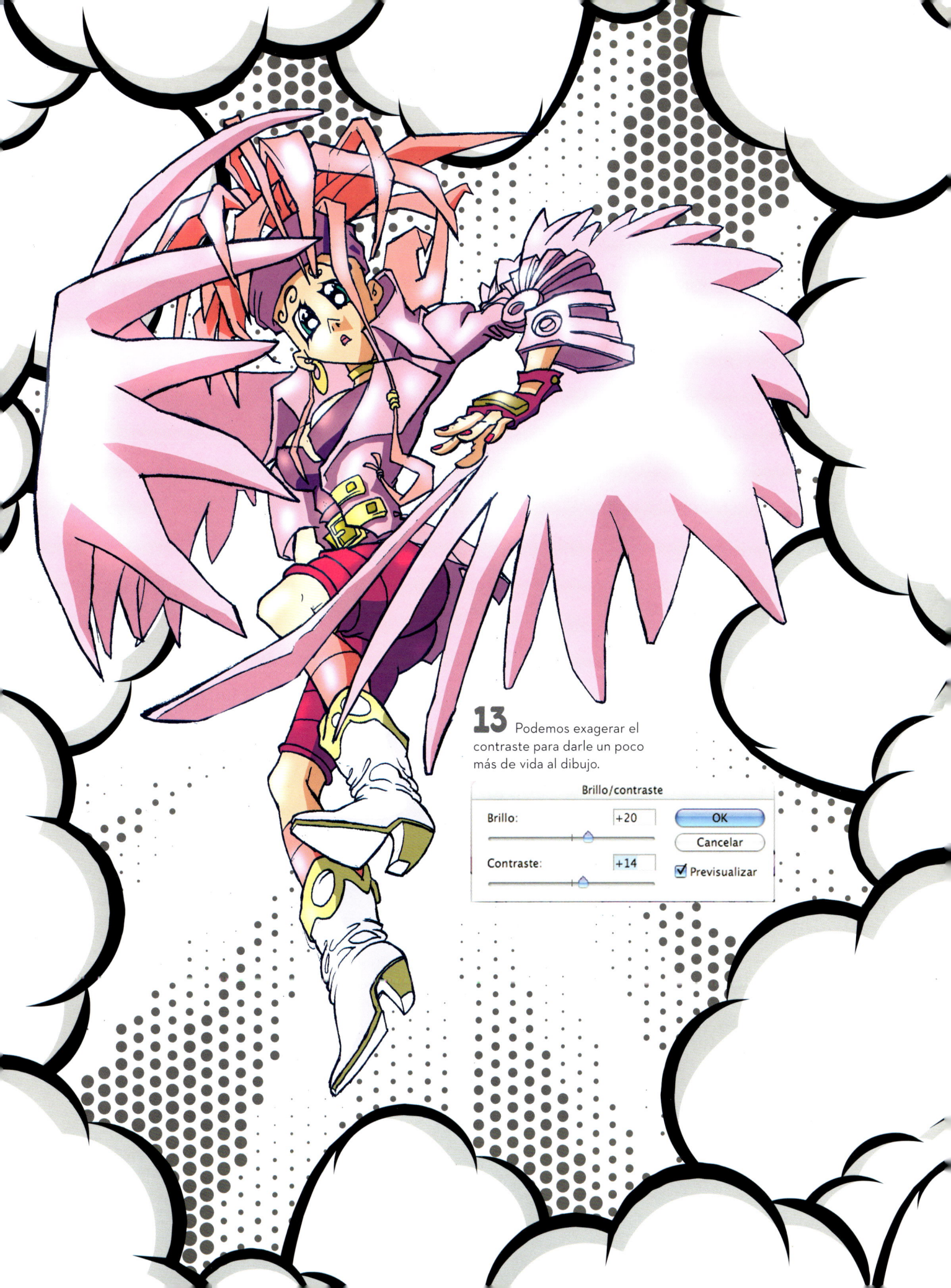

13 Podemos exagerar el contraste para darle un poco más de vida al dibujo.

Brillo/contraste

Brillo: +20

Contraste: +14

OK

Cancelar

☑ Previsualizar

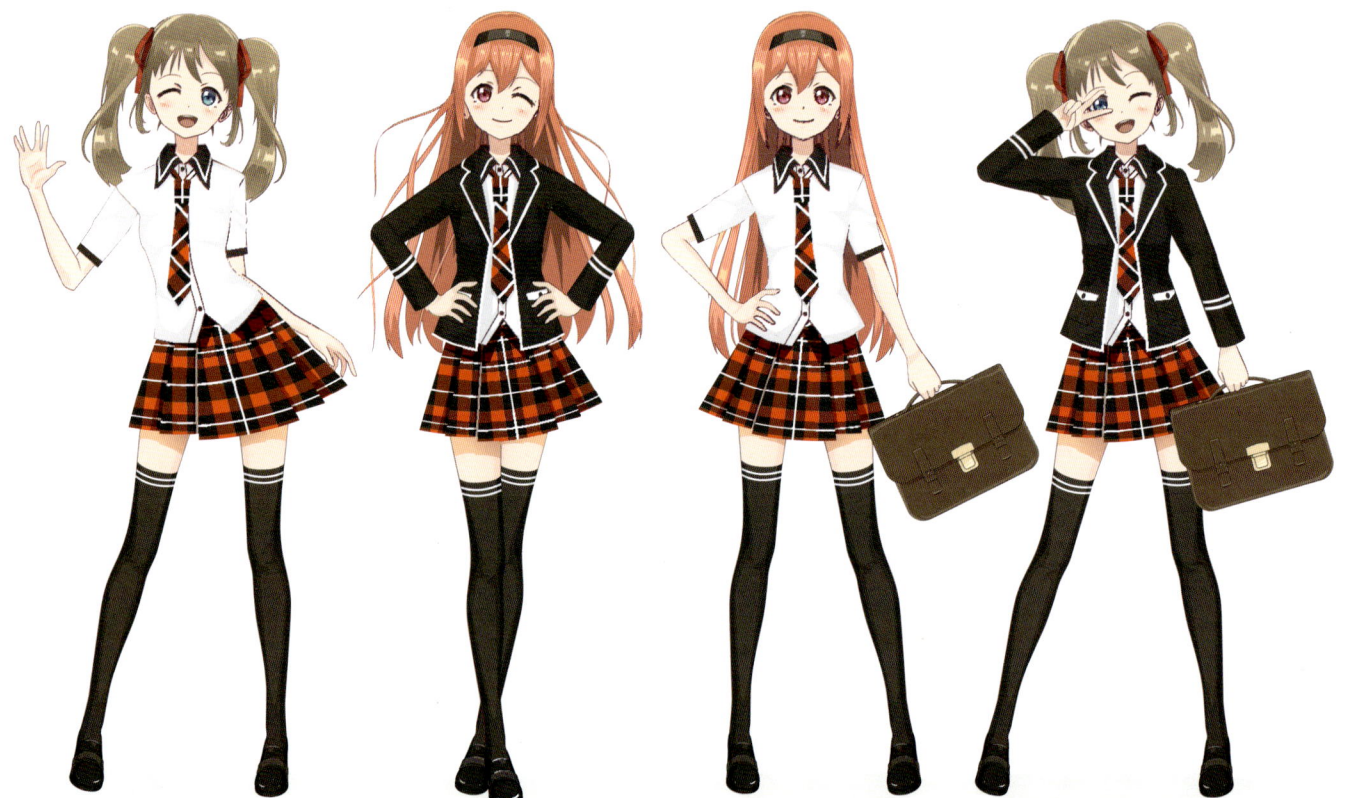

TENDENCIAS JUVENILES

En este apartado entran muchos de los *mangas* dedicados a los adolescentes y las vivencias propias de esa etapa tan importante del descubrimiento de los gustos y aficiones de cualquier joven, ya sea en Japón, o en cualquier parte del mundo. Historias melodramáticas de amores rotos se combinan con *mangas* de estética oscurantista, o de manifestaciones musicales, siempre presentes en los *mangas* juveniles.

El erotismo es una constante, los protagonistas son admirados por su belleza, destacan por su elegancia o, al contrario, por desarrollar personalidades marginales, como por ejemplo, de influencia *gótica* o *cyberpunk*. La estética es fundamental, los personajes forman su carácter de acuerdo con la forma de ver la vida de cada tribu. Las tendencias se trasladan al vestuario, es un mundo de apariencias, de manifestar su necesidad por expre-

sar, de cualquier forma, la cantidad de sentimientos incomprendidos de la exigida y mediatizada juventud japonesa. No es extraño encontrar jóvenes japoneses que llevan una vida de espaldas a la sociedad, quizá obsesionados con personajes oscuros y marginales provenientes de la imaginación de los a veces retorcidos *mangakas*.

Existen otros *mangas* más «suaves» dentro de esta categoría, por ejemplo, los que se desarrollan en la época estudiantil; historias costumbristas de éxitos escolares, familias felices y juegos del despertar sentimental de los preadolescentes. Es curioso cómo algunos de los protagonistas actúan con una caballerosidad impropia de su edad, más cercana a la Edad Media, con sus románticos caballeros.

Candy Candy (1975, Mizuki/Igarashi). Muchos de los adultos que tienen hijos adictos al *manga* disfrutaron

Love Hina, de Ken Akamatsu, editado en 1999 por Kodansha. Publicado en España en 2001 por Ediciones Glénat.

en la década de los 70 de esta historia melodramática, cargada de sentimentalismo, que va desde la niñez a la madurez de esta encantadora y viajera protagonista. Un comienzo difícil, un desarrollo con fuerte contenido social y un final feliz, un clásico.

Love Hina (1998, Ken Akamatsu). Una comedia romántica dirigida al público masculino juvenil con un protagonista obsesionado por la fotografía y rodeado de jovencitas, lo que obviamente pertenece al género llamado *Harem Manga*. Malentendidos, choques y variedad de personalidades, celos... Resumiendo, de todo un poco y bastante de sensualidad en una historia que obtuvo importantes beneficios, sobre todo la versión animada.

GÓTICA

Proyecto I

1 Trazamos unas líneas y unas curvas buscando una posición que sea provocativa, coqueta y juguetona.

2 Paso a paso, le damos la forma a esas líneas dibujando los volúmenes del cuerpo.

La estética gótica no solo es una apariencia oscurantista y dramática. Los personajes que pertenecen a esta corriente buscan alejarse de los estereotipos de la sociedad. Rechazan las relaciones sociales y les gusta que el resto los vea como seres marginales, inmersos en su música *metal*, o en extraños juegos de rol de temas sombríos. Se preocupan solo por ellos mismos y no les importa que ese egoísmo quede bien patente con su desafiante actitud.

Su atracción por el mundo de los vampiros se hace evidente en su indumentaria. Los colores que predominan son el negro, el rojo y el blanco. Cruces, calaveras, anillos y detalles característicos como una lágrima negra, o un hilo de sangre en la boca adornan al protagonista de este decorado viviente, e incluso pasa a formar parte de la realidad cuando estos personajes adquieren hábitos sádicos, o masoquistas, o la combinación de ambos. En algunos casos podemos leer romances entre humanos y vampiros.

3 Exageramos el pecho y el cabello, que son dos partes que llaman la atención en los dibujos *manga*.

4 Dibujamos una ropa exagerada, con encajes y transparencias, y le ponemos unos tacones bastante altos y llamativos. Podemos añadir algún detalle para darle un poco de gracia al dibujo, por ejemplo, una fusta.

5 Buscamos la línea definitiva y la marcamos fuerte y continua.
A los ojos les damos un contorno negro fuerte y excesivamente marcado para imprimirles un aspecto de la estética gótica: oscurantista y dramático, ajeno a lo tradicional.

6 Vamos seleccionando con la herramienta de *la varita mágica* cada una de las zonas blancas de la chica gótica y creamos una capa para cada una de ellas donde le aplicamos color.

7 Al traje y a los zapatos los degradamos para crear un poco de movimiento y para conseguir dar una textura distinta que el resto.

8 Vamos a tratar de conseguir para los guantes una semejanza con los pantis, para ello utilizamos tonos negros y grises.

9 Para conseguir las transparencias de las prendas de vestir, duplicamos la capa del traje, de los guantes y de las medias, les bajamos la opacidad a un 35 % a cada una de ellas. Después a cada una de las capas originales le aplicamos la *goma de borrar* permitiendo de esta manera que la capa de menos opacidad aparezca en esas zonas.

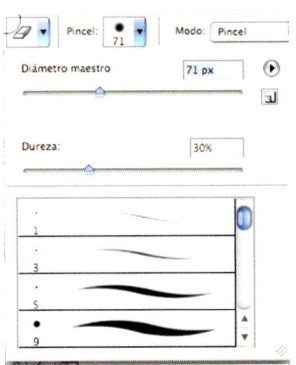

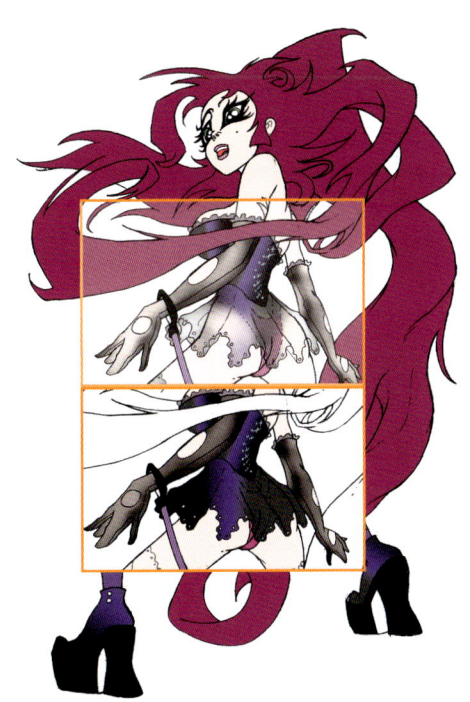

LUCES Y SOMBRAS

Aplicamos las luces y sombras, pero en este caso concreto, en vez de partir de un punto de luz que incide desde un punto externo, vamos a centrarnos en crear volúmenes oscureciendo y aclarando cada parte de la mujer gótica.
Sobreexponemos generalmente en el centro de cada parte o zona.
Subexponemos en los extremos.

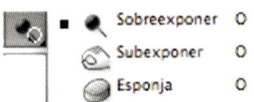

Cambiamos el tono del contorno de la figura aclarando el color, de negro a un tono que no contraste en exceso con el dibujo, por ejemplo un tono violeta o azulado.

FONDOS Y SOMBRAS

En el dibujo *manga* muchas veces se aplican fondos que no representan ningún lugar concreto, simplemente con un degradado dan una sensación de un espacio, que puede ser tanto exterior como interior y que utilizan para situar al personaje.

1 En este caso vamos a elegir los mismos tonos que hemos escogido para su ropa, buscando un resultado que haga intuir la noche y que nos permita dudar si está en un espacio exterior o interior.
Seleccionamos la capa del fondo y rellenamos con el degradado.

2 Para crear una sombra del personaje en el suelo, duplicamos la capa de la mujer gótica y con la herramienta de *distorsionar* en el menú *edición, transformar*, buscamos la situación adecuada.

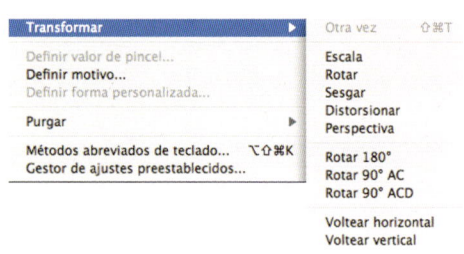

3 Una vez distorsionada la imagen, manteniendo la selección activa borramos el dibujo de la mujer y le aplicamos un calado de unos 15 píxeles y rellenamos la selección con un 25% de negro.

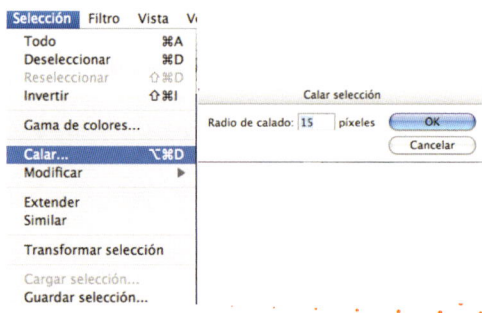

COLEGIALA

Proyecto II

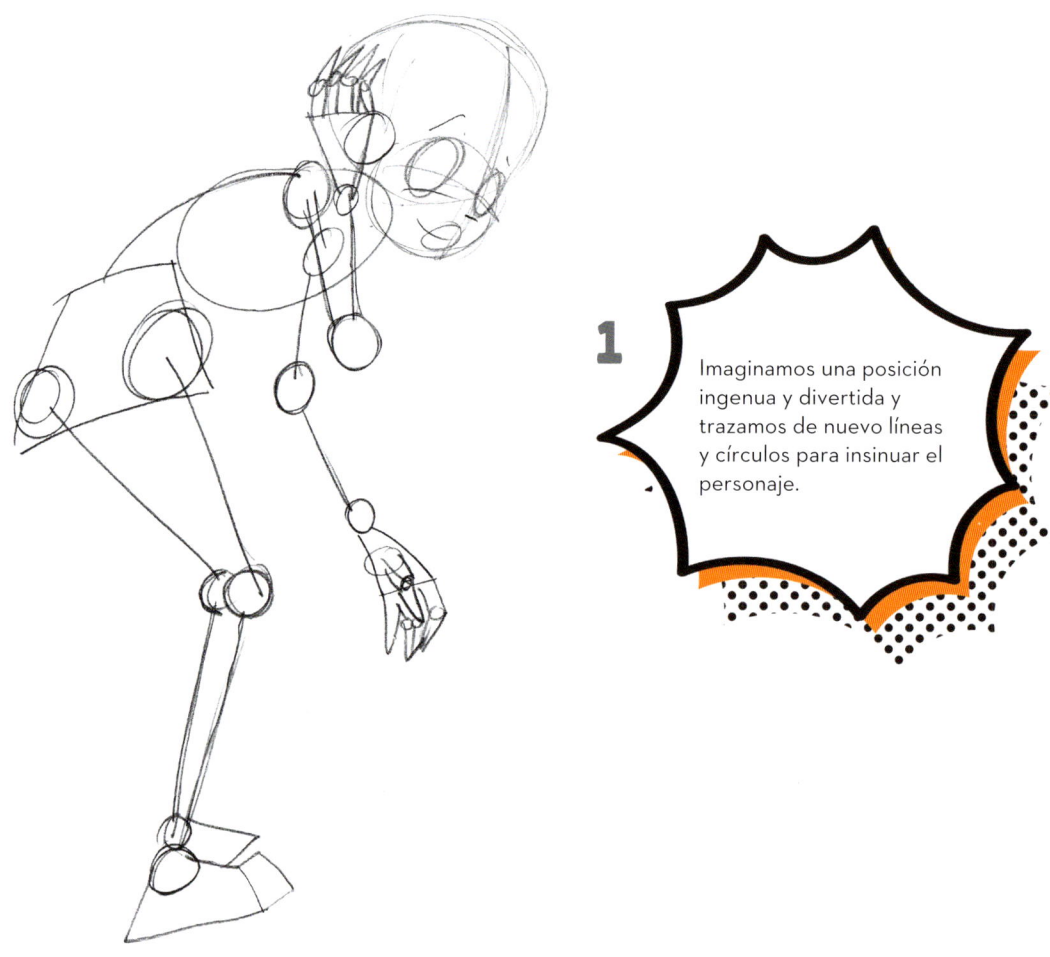

1

Imaginamos una posición ingenua y divertida y trazamos de nuevo líneas y círculos para insinuar el personaje.

La colegiala suele ser protagonista y es una adolescente sensual, expresiva y preocupada principalmente por los asuntos de su tierno y delicado corazón. Es una mezcla de sensualidad e inocencia, sin llegar a la perversión. Las relaciones de pareja, el amor y la amistad se mezclan con las búsquedas espirituales, el crecimiento interior siempre acaba siendo uno de los argumentos secundarios, todo mezclado con grandes dosis de sentimientos y emociones.

El realismo de este personaje nos conduce también a temas como la superación del estudiante adolescente, la importancia de los logros personales, a una edad en que ya empiezan a intuir lo que será la dura competencia en el sector profesional japonés. La vestimenta es breve, aunque correcta y elegante, y en muchos casos de corte clásico. Minifaldas de tablas y blusas con botones son comunes. La «cámara» y su encuadre suelen buscar puntos de vista que acentúen esa sensualidad.

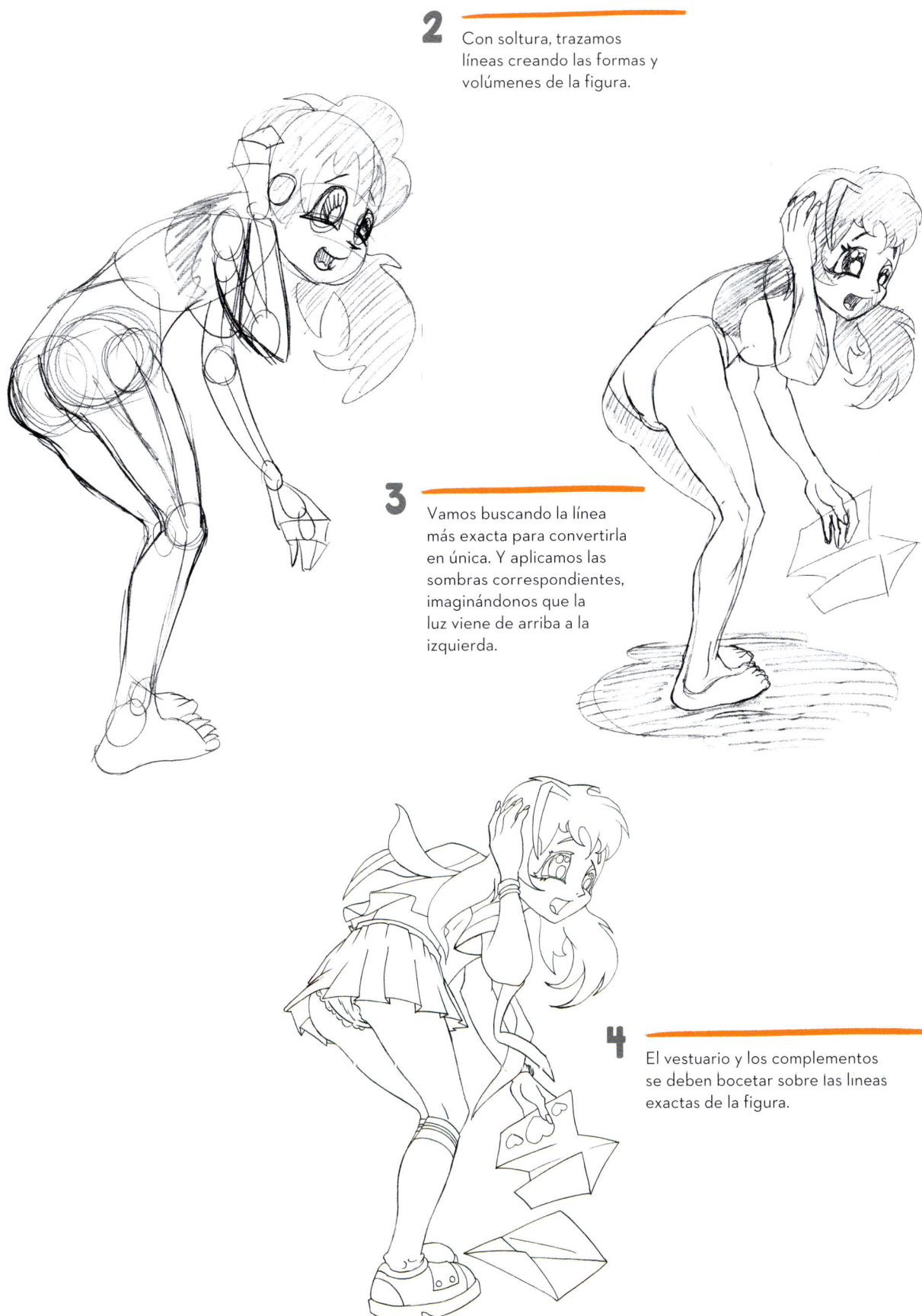

2 Con soltura, trazamos
líneas creando las formas y
volúmenes de la figura.

3 Vamos buscando la línea
más exacta para convertirla
en única. Y aplicamos las
sombras correspondientes,
imaginándonos que la
luz viene de arriba a la
izquierda.

4 El vestuario y los complementos
se deben bocetar sobre las líneas
exactas de la figura.

5 Es importante trabajar la zona de sombra porque al aplicarla nos va a dar volumen, movimiento y realismo en el dibujo.

LUZ

Muestra de la zona de sombra, teniendo en cuenta el ángulo desde el que se proyecta la luz.

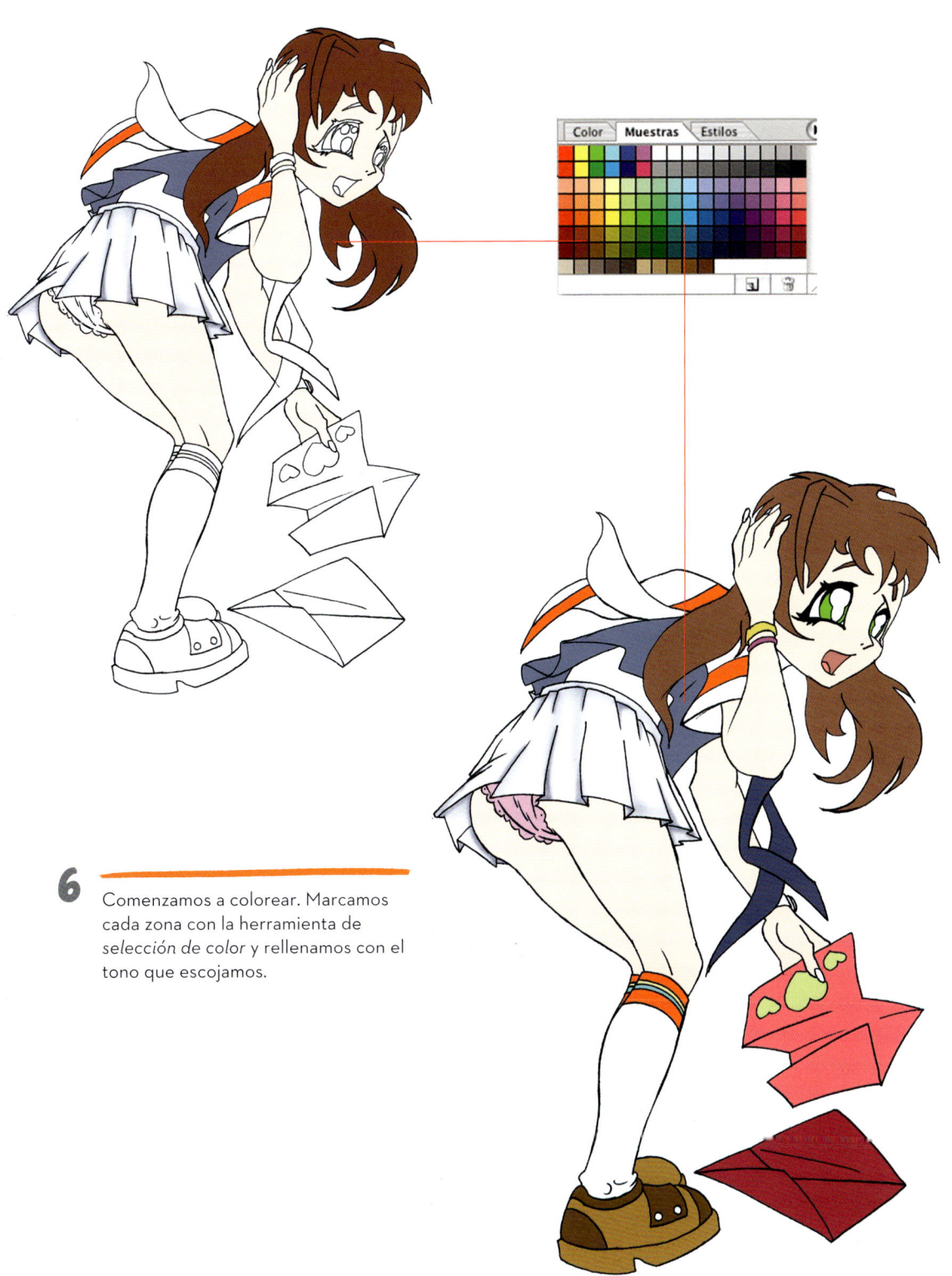

6 Comenzamos a colorear. Marcamos cada zona con la herramienta de *selección de color* y rellenamos con el tono que escojamos.

7 Cambiamos el color del contorno de la figura seleccionando lo que contiene la capa y rellenándolo del color que queramos. Intentamos buscar un color que dé más suavidad al dibujo.

OTRAS COLEGIALAS

Las colegialas *manga* suelen tener un aspecto sexy gracias a sus uniformes ajustados y cortos que insinúan o incluso descubren algo más. Los complementos como la cartera, las coletas o la mirada inocente tras unas gafas contrastan con sus a veces generosos escotes y minúsculas minifaldas.

ROCK VISUAL

Proyecto III

1 Trazamos líneas y círculos que boceten las figuras. Buscamos posiciones excéntricas, más bien exageradas y buscando cierto dramatismo.

La estética del *rock* recoge tendencias del *metal*, de lo sombrío y del satanismo, que casi siempre está presente, aunque solo sea como recurso visual.

Los músicos adoptan actitudes excéntricas para mantener el rol que han adoptado ante sus fans. El alcohol y las drogas forman parte de esta parafernalia, unas veces real, otras no tanto. Por eso actúan de forma violenta en el escenario y se pueden hacer los antipáticos, eso es lo que el público espera de ellos, así se mantienen en el estrellato.

El hombre, más agresivo, domina sobre la mujer. Ella es más introvertida, incluso puede parecer depresiva y dependiente, utilizan el cabello para esconder parte del rostro y crear un ambiente más misterioso. Las caras blancas contrastan con los maquillajes oscuros, el rojo sangriento siempre está bien visible en algún detalle.

2

Seguimos buscando las formas de los volúmenes trazando líneas sin miedo hasta encontrar la definitiva.

3

El lápiz se deja suelto, trazando las líneas completas sin buscar la perfección, solo la frescura.

4

Para darle más realismo le dibujamos ropas radicales, tatuajes, adornos de esta estética.

5 Antes de dibujar la ropa tenemos que tener clara la silueta de los personajes; esa es la manera de evitar errores en las proporciones.

6 Borramos todas las líneas que no valen y trazamos la línea definitiva, preocupándonos de que esté completamente cerrada por todas las partes para no tener problemas al darle color.

7 Vamos escogiendo las distintas zonas y aplicando colores sombríos que ayuden a crear un recurso visual.

8 Seguimos aplicando colores y degradados para exagerar brillos y texturas.

CONSEJO

Podemos crear una estética más real en el cabello de la mujer roquera. Duplicamos la capa del cabello y le damos una tonalidad diferente, más azulada. Una vez elegido el tono con la herramienta del borrador vamos eliminando algunas partes del cabello permitiendo que aparezca de nuevo el tono rojizo de la capa de abajo.

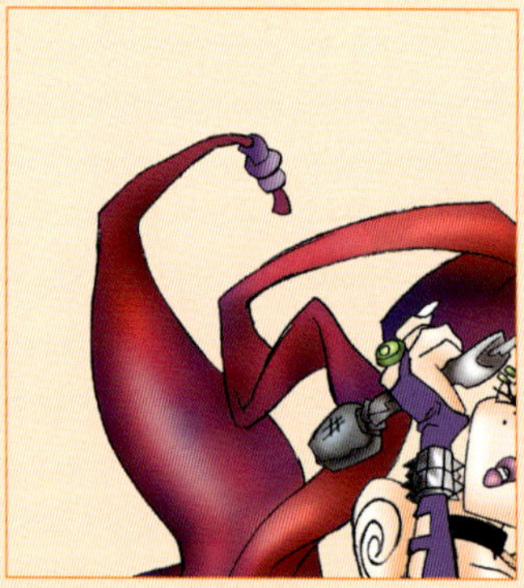

Borrador   E
Borrador de fondos   E
Borrador mágico   E

LUCES Y SOMBRAS

1 Trazamos las sombras de cada uno de los roqueros y con la herramienta de *sobreexponer/subexponer* vamos en cada parte del dibujo oscureciendo y aclarando las zonas. Creamos volúmenes en cada personaje.

2 Le damos un color a la capa del fondo y, para situar a los roqueros en un escenario, simulamos unas luces de colores. Aplicamos degradados de diferentes colores: verde, amarillo, rosa... para que parezcan focos de colores.

3 Cambiamos el tono de la capa del fondo por uno más siniestro y sombrío.
En el ejemplo de abajo se han intensificado los colores y variado los tonos para crear el efecto de un concierto, luces fuertes e intensas que modifican los colores de los rostros y de la piel.

1 RELIEVE

En el menú *filtros*, en el apartado *estilizar*, aplicamos la opción de *relieve*.

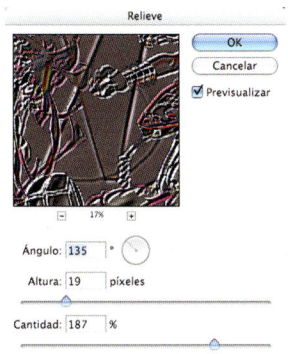

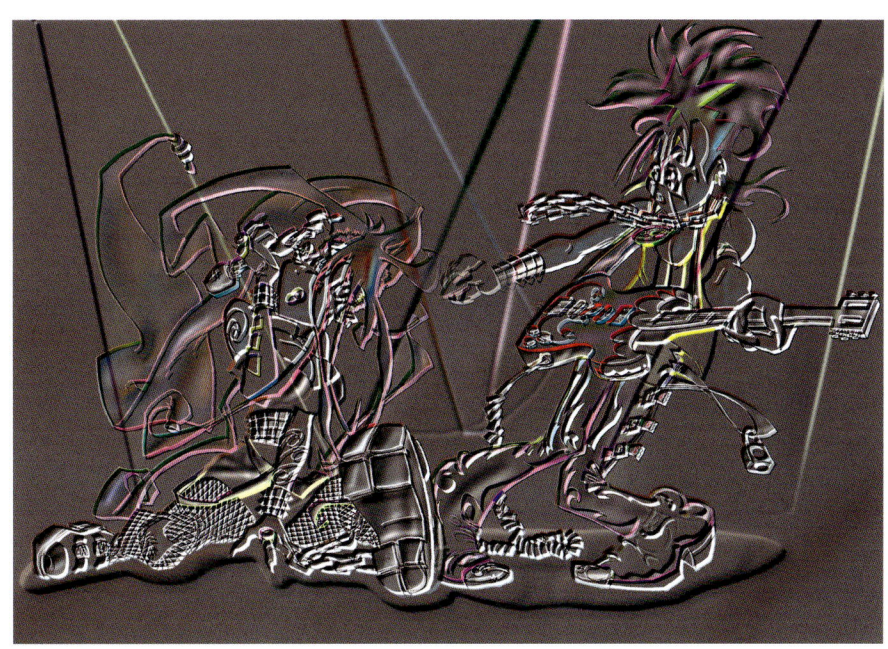

2 CRISTALIZAR

En el menú *filtros*, en el apartado *pixelizar*, aplicamos la opción de *cristalizar*.

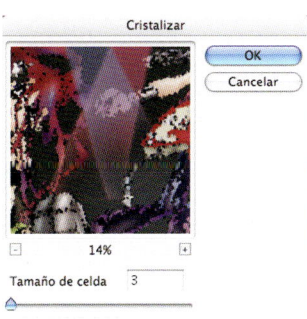

3 ZIGZAG

Esta pareja de roqueros ha recibido un filtro que les otorga carácter propio y un movimiento y dinamismo inusual. En el menú *filtros,* en el apartado *distorsionar,* aplicamos la opción de *zigzag.*

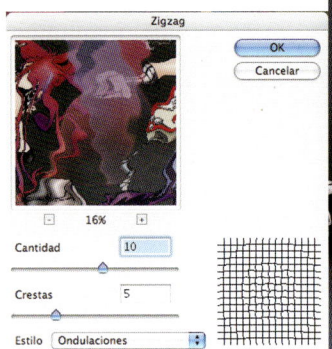

4 ESFERIZAR

En el menú *filtros,* en el apartado *distorsionar,* aplicamos la opción de *esferizar.*

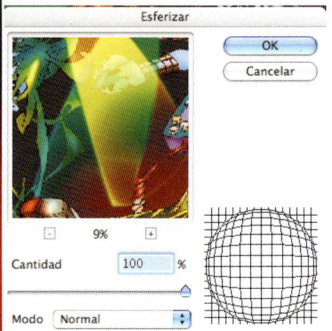

LUCHA

Los combates están presentes en casi todos los *mangas* del mercado, con más o menos violencia, dependiendo del público al que vayan dirigidos. Incluso en algunos países se considera al *manga* en general como un peligroso generador de violencia gratuita.

Guerras entre países, universos amenazados, combates de kendo o simples peleas de puños, cualquier tema, cualquier ambiente, en cualquier época, pero siempre la superación, el triunfo del tesón, la exaltación de la amistad, muchas veces con grandes sacrificios. Las historias son duras y violentas, con destrucción y muerte por doquier. Por eso son *mangas* serios, pero también son muy radicales y pueden llegar a combinar imágenes humorísticas o sentimentales con otras muy realistas, como la extrema crudeza de los combates cuerpo a cuerpo.

EDICIÓN ESPAÑOLA

1

MASAMI KURUMADA

Saint Seiya

LOS CABALLEROS DEL ZODÍACO

Glénat

Dragon Ball (1984, Akira Toriyama). Cientos de capítulos, decenas de películas, videojuegos, OVA... Esta serie, basada en la amistad entre varios guerreros legendarios expertos en artes marciales, ha creado una corriente de admiradores fuera de lo normal, a pesar de las críticas recibidas en Occidente por sus supuestos excesos en la forma de presentar la violencia.

Saint Senya o Caballeros del Zodiaco (1986, Masami Kurumada). Los jóvenes guerreros protagonistas de esta serie son los elegidos para ser la guardia personal de las diosa griega Atenea. Ambiente mitológico, santos de oro, plata y bronce, dioses que se convierten en humanos cada cierto tiempo... Todo un derroche de imaginación en esta historia de final agridulce.

Saint Seiya o Los caballeros del zodiaco, editado en 1986 por Shueisha. Publicado en España en 2001 por Ediciones Glénat.

Las técnicas de las artes marciales suelen ser las más utilizadas por los luchadores, no podía ser de otra manera en el imperio del sol naciente. Las asimilan durante años de sacrificado aprendizaje al lado de los maestros más famosos. Tampoco son extraños personajes que luchan cuerpo a cuerpo, pero que tienen capacidades especiales, como energías que potencian sus cualidades o poderes mágicos que sorprenden a sus contrincantes.

Como suele ser habitual, la historia de acción prima sobre la sentimental, los protagonistas demuestran su emotividad, pero siempre desde la parte del ser guerrero, desde el que tiene, o cree tener, la responsabilidad de salvar a los demás y no tiene tiempo para dedicarse a los romances. Muchas series no tienen un protagonista principal y son grupos de guerreros, algunos de los cuales quedan en el camino, antes de la victoria final.

GUERRERO

Proyecto I

1 Dibujamos unas líneas que perfilen una persona joven en posición activa, muy dinámica.

Este es uno de los personajes que más éxito tienen entre los lectores de *mangas* de lucha. Suelen empezar siendo personas normales y sencillas que en un momento de su vida se dan cuenta de que son especiales, que tienen poderes legendarios, y que con ellos pueden hacer el bien a la humanidad. La normalidad se mantiene excepto cuando tienen que combatir, ahí se transforman en verdaderos guerreros.

Gran parte de su vida la dedica a desarrollar y controlar esos poderes, y serán esas capacidades las que le salvarán en el último momento. Las luchas son cuerpo a cuerpo, no aparecen armas, pero sí se usa la energía interior para aumentar las capacidades.

Con tantas aventuras apenas hay tiempo para los amores, estos son sencillos y no tienen importancia en la trama. Aunque muchos se desarrollan en la época actual, también encontramos escenarios futuristas y modernos, incluso mezclados con ambientes o personajes de la mitología clásica.

2 Seguimos trazando líneas que unan las anteriores creando volúmenes. Dibujamos el rostro que acompañe la posición tan dinámica que hemos escogido.

3 Borramos los círculos que marcaban las uniones y perfeccionamos un poco más las líneas dándole al cuerpo una imagen fuerte y corpulenta.

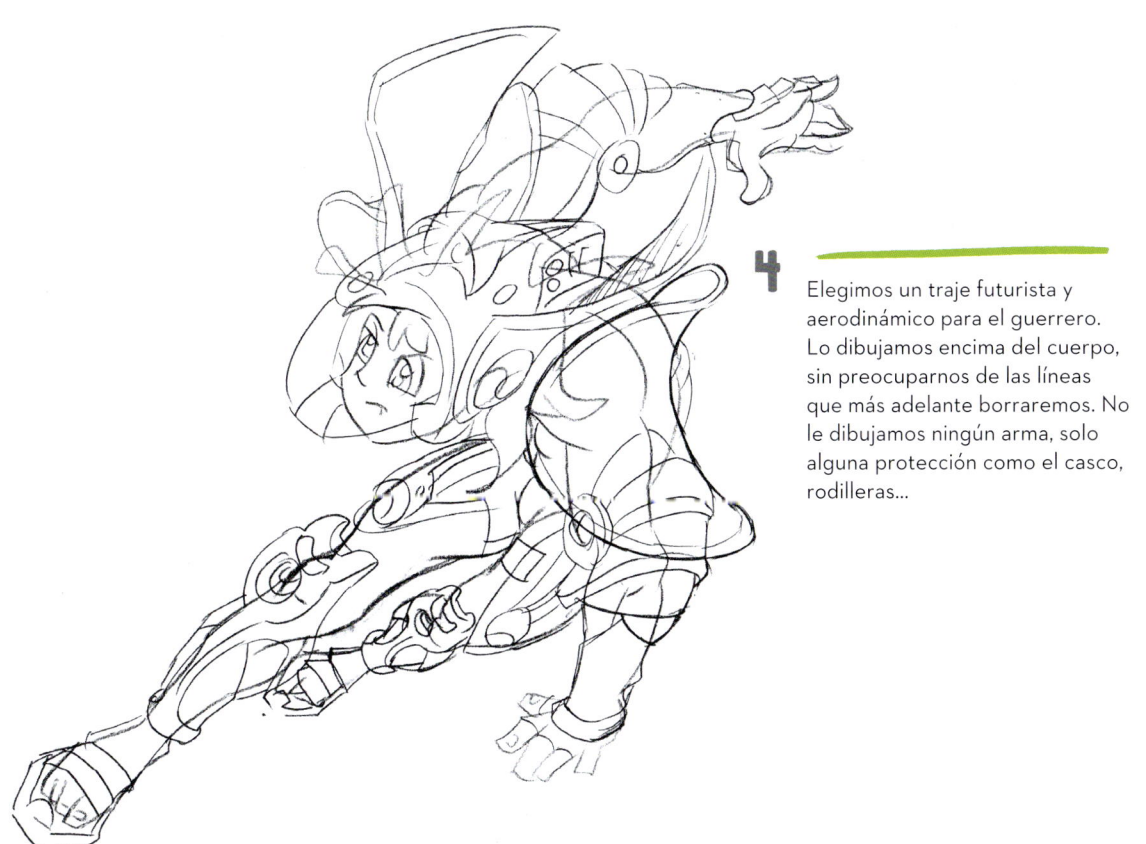

4 Elegimos un traje futurista y aerodinámico para el guerrero. Lo dibujamos encima del cuerpo, sin preocuparnos de las líneas que más adelante borraremos. No le dibujamos ningún arma, solo alguna protección como el casco, rodilleras...

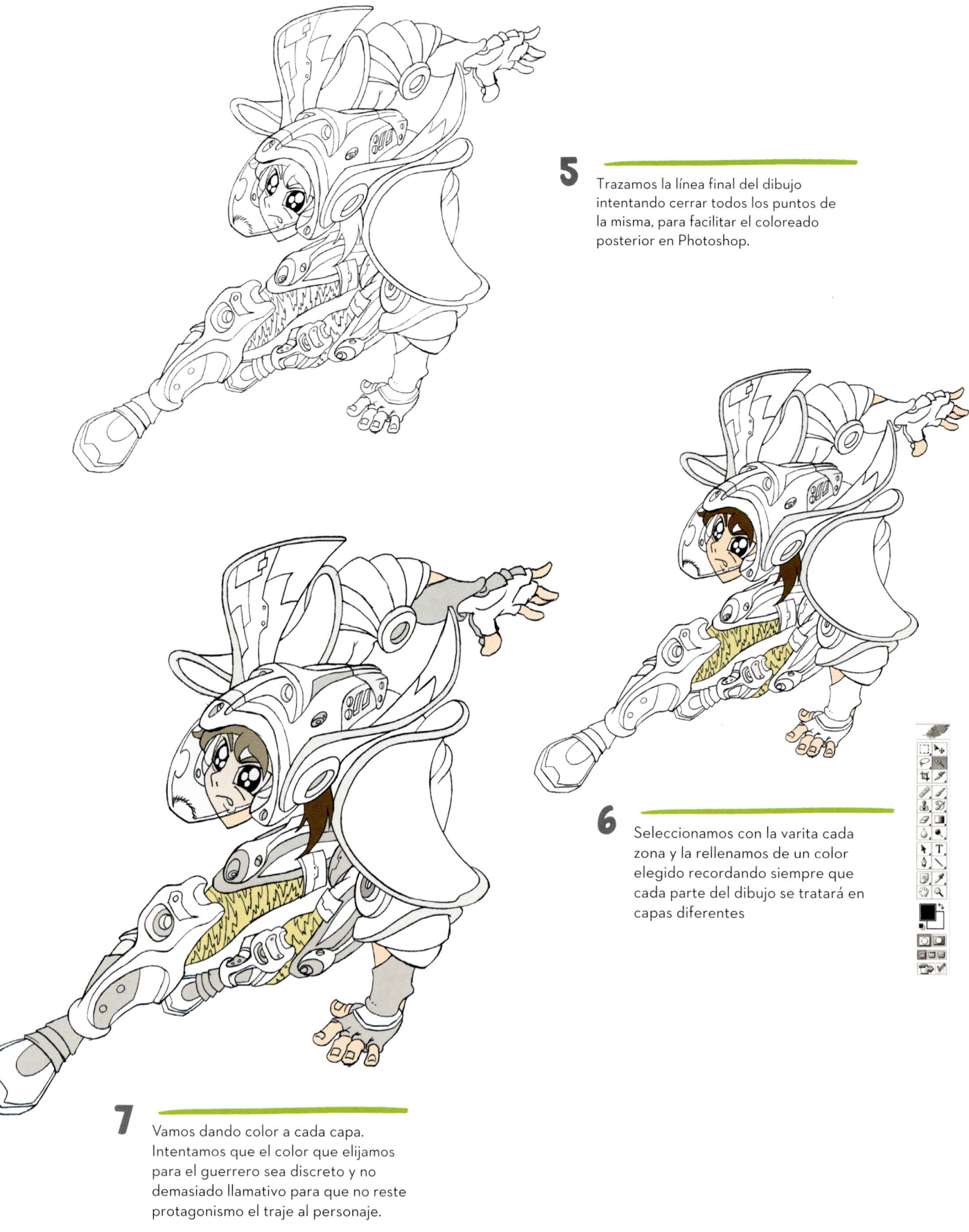

5 Trazamos la línea final del dibujo intentando cerrar todos los puntos de la misma, para facilitar el coloreado posterior en Photoshop.

6 Seleccionamos con la varita cada zona y la rellenamos de un color elegido recordando siempre que cada parte del dibujo se tratará en capas diferentes

7 Vamos dando color a cada capa. Intentamos que el color que elijamos para el guerrero sea discreto y no demasiado llamativo para que no reste protagonismo el traje al personaje.

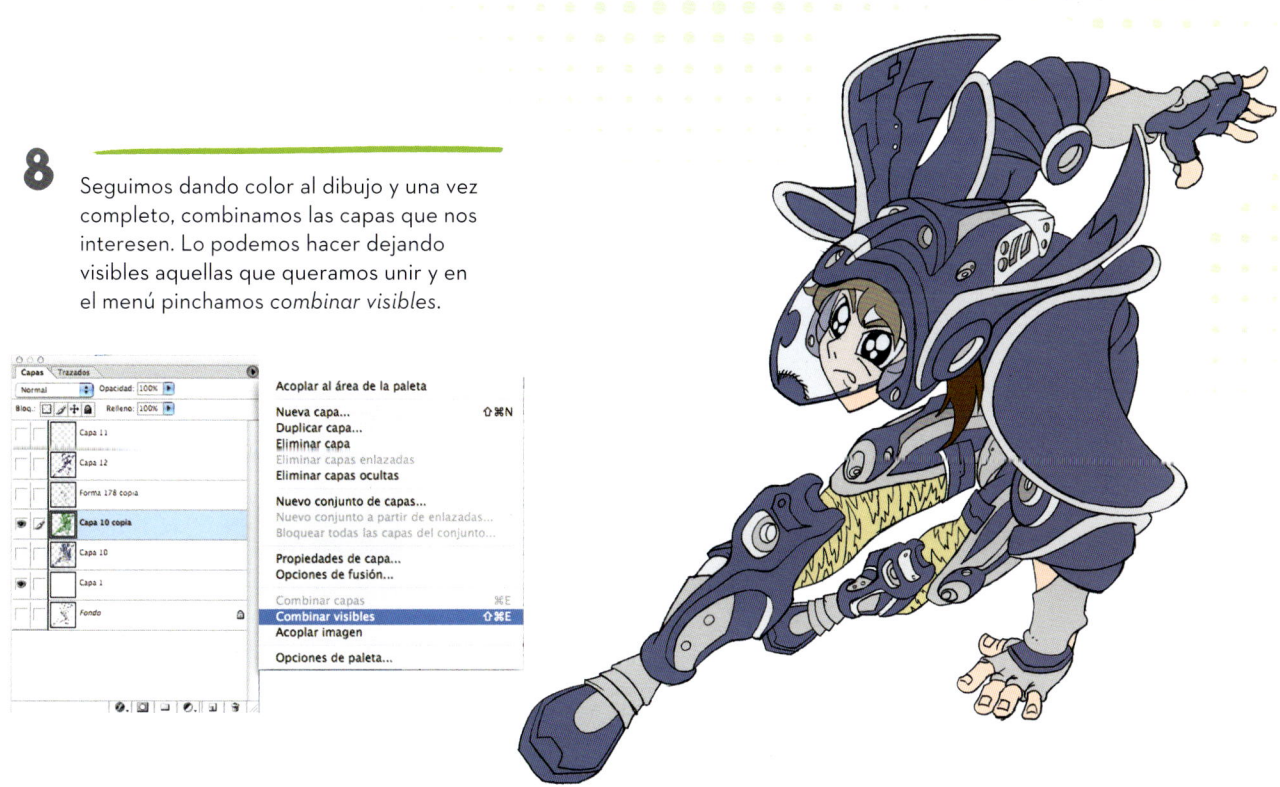

CONSEJO

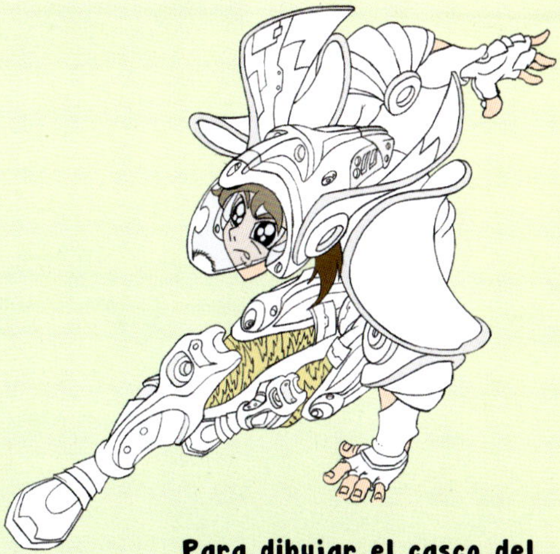

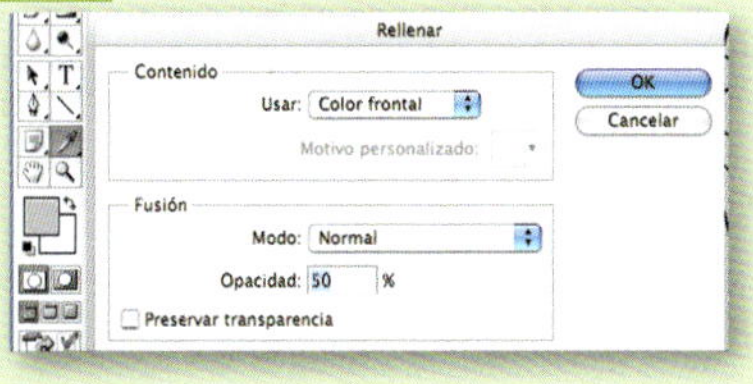

Seleccionamos la zona que nos interesa y la rellenamos, dándole una opacidad del 50% aproximadamente.

Para dibujar el casco del guerrero seleccionamos un tono en la barra de herramientas, por ejemplo un gris azulado que puede simular un cristal, para que podamos darle esa transparencia y esa textura.

8 Seguimos dando color al dibujo y una vez completo, combinamos las capas que nos interesen. Lo podemos hacer dejando visibles aquellas que queramos unir y en el menú pinchamos *combinar visibles*.

1 La luz incide sobre el guerrero desde un punto arriba a la izquierda, así que dibujamos la zona de sombra correspondiente a dicha luz.

LUZ

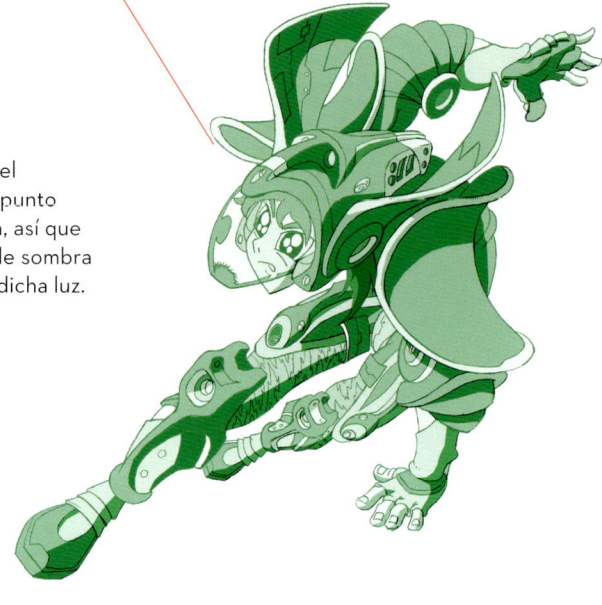

2 Ahora aplicamos esa zona de sombra, pero en el dibujo real. Con las curvas de color oscurecemos la selección.

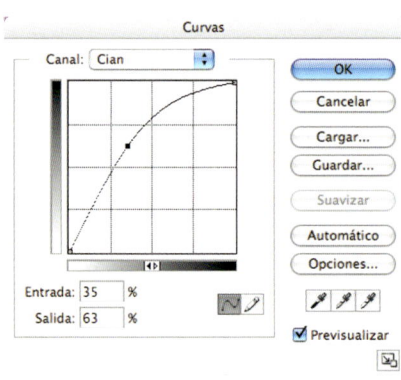

3 Trazamos una sombra en el suelo como si el guerrero estuviese apoyando la mano en el suelo. Convertimos ese trazado en selección y lo rellenamos con el color frontal en una opacidad del 30% aproximadamente.

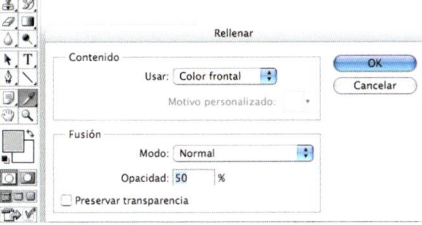

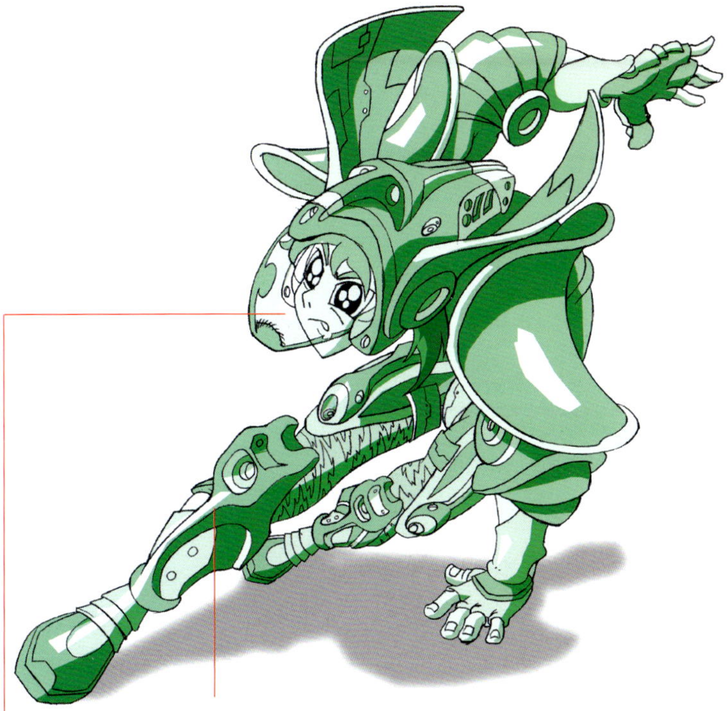

4 Seleccionamos algunos puntos de luz ficticios para darle al guerrero más fuerza y realismo.

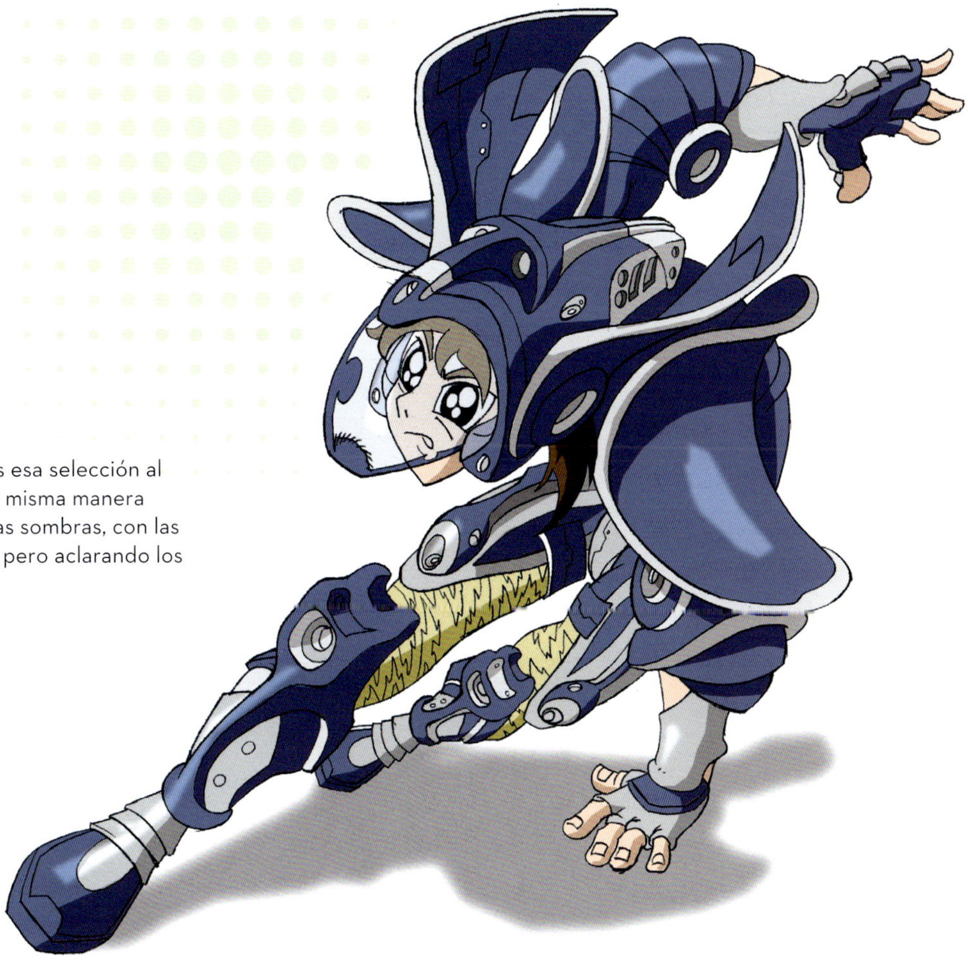

5 Ahora aplicamos esa selección al dibujo real de la misma manera que aplicamos las sombras, con las curvas de color, pero aclarando los tonos.

Con la herramienta *tono saturación* le cambiamos los colores al guerrero para ver un ejemplo de otra posibilidad.

FILTRO DE MOVIMIENTO

Duplicamos la capa del guerrero y con la herramienta *distorsión* le damos la forma que nos interese.

A la capa duplicada le aplicamos el filtro de desenfoque de movimiento marcando una gran distancia para que este sea más exagerado.

NINJA

1

Imaginamos una posición de batalla y trazamos unas líneas para bocetar el personaje y su movimiento.

La vida de este ninja femenino discurre entre los duros entrenamientos para mantener la técnica particular aprendida en su clan y los combates con sus compañeros de aventuras. Los guerreros ninja de los poderosos clanes japoneses no podían faltar en el *manga* de acción, normalmente acompañan al personaje principal y le salvan en situaciones extremas. Será su escudera, y quizá pueda estar enamorada de él, pero no lo demostrará, manteniendo siempre una delicada discreción sobre los asuntos del corazón.

Los combates son violentos y rápidos, por eso llevan una ropa cómoda y holgada, sin ninguna concesión a la estética. Una cinta en la cabeza con el escudo de su clan y, a diferencia del estilo tradicional ninja, mantiene su rostro al descubierto. Suele llevar protecciones contra los golpes en el antebrazo y, claro, las conocidas estrellas letales que lanza contra sus adversarios.

2 Vamos dando volúmenes a las líneas y los círculos, creando la figura femenina y buscando la perspectiva y la proporción adecuadas.

3 Trazamos unas líneas de movimiento que marcan la dirección de las estrellas que la ninja utilizará como armas.

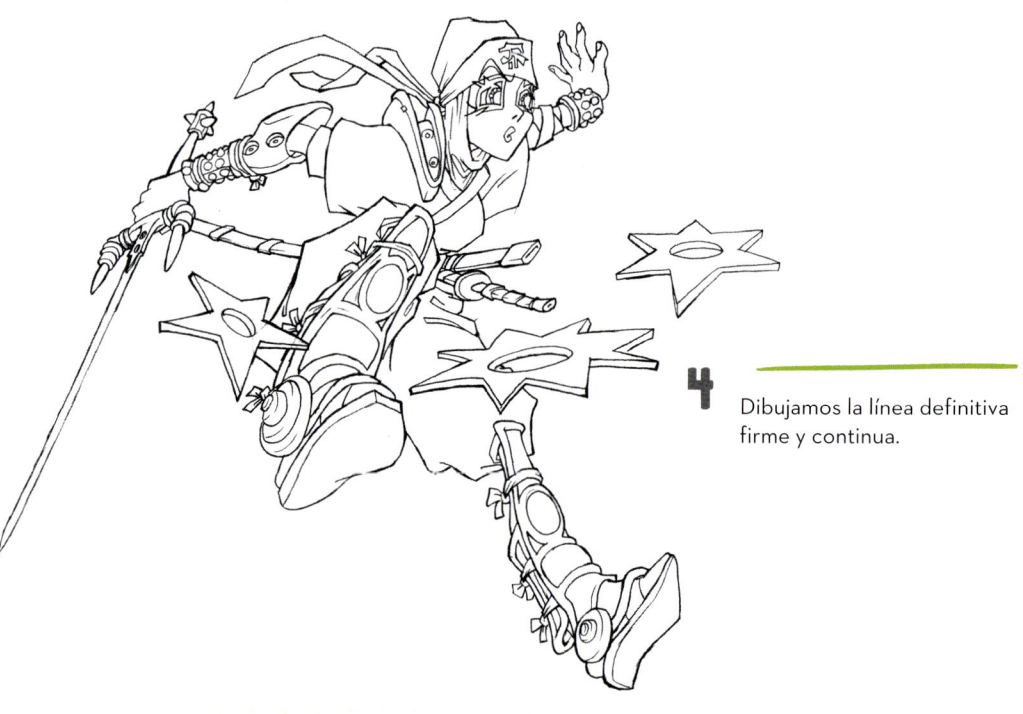

4 Dibujamos la línea definitiva firme y continua.

5 Vamos creando distintas capas y seleccionando las diferentes partes del dibujo, cada una en una capa distinta para darles color.

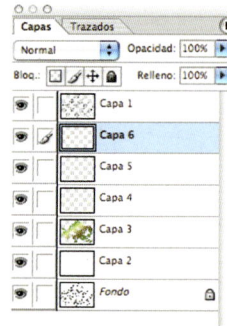

6 Buscamos colores más fuertes que sean apropiados para una guerrera.

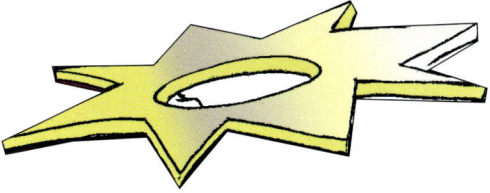

7 Aplicamos degradados de color a las estrellas que lanza para acentuar los brillos y el movimiento.

8 Seguimos aplicando colores, cubriendo cada zona del dibujo.

1 La sombra se ha aplicado una vez agrupadas todas las capas, seleccionando la zona de sombra se ha rellenado con un 30 % de negro.

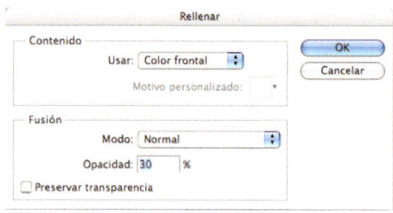

2 La zona de sombra se ha aplicado una vez agrupadas todas las capas, subiendo los oscuros con la herramienta *curvas de color*.

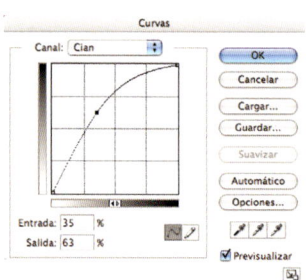

GESTIONAR LUCES

1 Se le aplican algunas luces para acentuar los volúmenes.

2 Para crear la sensación de movimiento duplicamos la capa de las estrellas y le aplicamos un filtro de desenfoque.

Elegimos *desenfoque de movimiento* y lo aplicamos con una distancia moderada.

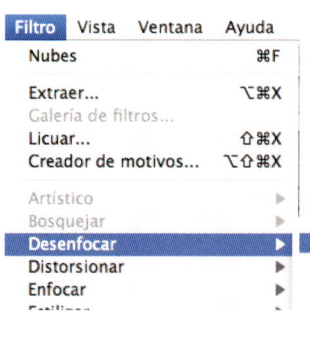

Filtro	Vista	Ventana	Ayuda	
Nubes			⌘F	
Extraer...			⌥⌘X	
Galería de filtros...				
Licuar...			⇧⌘X	
Creador de motivos...			⌥⇧⌘X	
Artístico			▶	
Bosquejar			▶	
Desenfocar			▶	**Desenfocar** ▶ Desenfocar
Distorsionar			▶	Distorsionar ▶ Desenfocar más
Enfocar			▶	Enfocar ▶ Desenfoque de lente...
				Estilizar ▶ Desenfoque de movimiento...
				Interpretar ▶ Desenfoque gaussiano...
				Pixelizar ▶ Desenfoque radial...
				Ruido ▶ Desenfoque suavizado...
				Textura ▶ Promedio

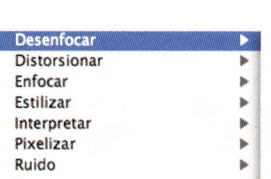
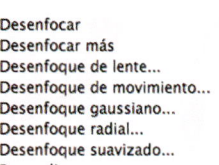

3 Trazamos un supuesto recorrido de las estrellas y luego ese trazado lo convertimos en selección y lo rellenamos de un degradado de grises, duplicamos esa capa y la escalamos creando otro supuesto movimiento del recorrido de la estrella.

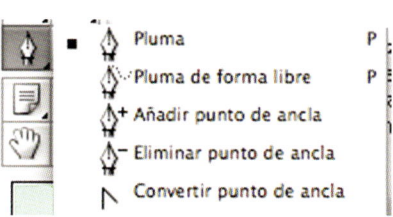

	Pluma	P	
	Pluma de forma libre	P	
	Añadir punto de ancla		
	Eliminar punto de ancla		
	Convertir punto de ancla		

¡OJO!
Cambiamos el tono del contorno y aclaramos el negro. De esta manera suavizamos el dibujo aunque podemos quitarle un poco de fuerza.

FONDOS Y FILTROS

Podemos dar un fondo de color plano y jugamos con los valores de las sombras.

Podemos aplicar un tono azulado y conferir un valor parecido a las sombras con la herramienta de las *curvas de color*.

INFANTIL

El mundo infantil también tiene su espacio en el universo del *manga* y se incluye dentro del género llamado *Kodomo Manga*, o *manga* para niños. La sociedad japonesa, lectora compulsiva, anima a los más pequeños a empezar a mirar, leer y desarrollar su imaginación desde temprana edad. El personaje principal de estas historias acaba convirtiéndose en el ejemplo a seguir, el niño perfecto, que logra solucionar los problemas de la gente que le rodea. Valores como la amistad y la solidaridad salen reforzados en detrimento de los seres oscuros y ávidos de poder que atentan contra la humanidad.

Los pequeños personajes principales son niños y niñas aparentemente sencillos que por circunstancias extraordinarias adquieren cualidades especiales, o informaciones privilegiadas, que les ayudarán a solucionar los problemas que van surgiendo en las aventuras. La imaginación es el arma más utilizada, la

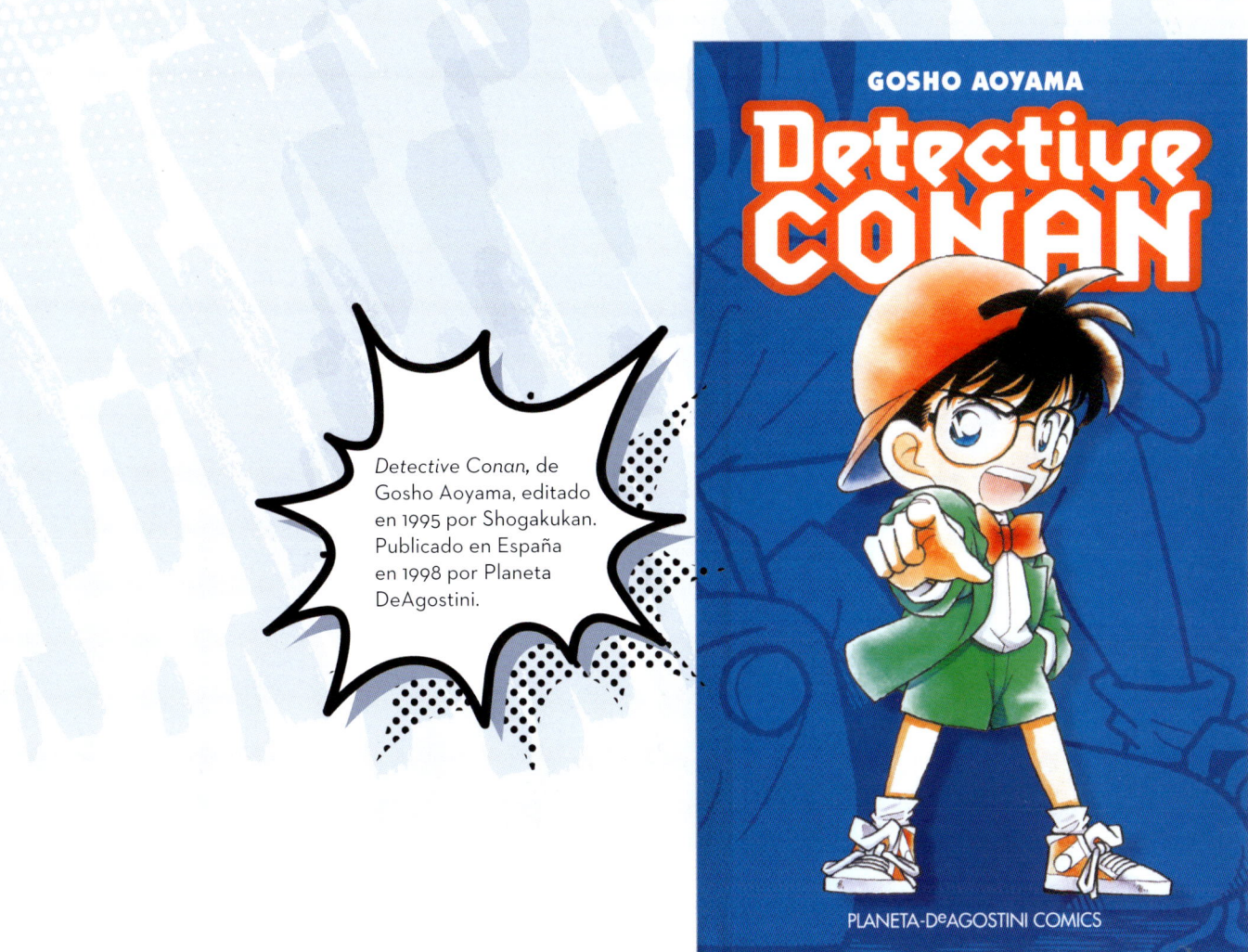

Detective Conan, de Gosho Aoyama, editado en 1995 por Shogakukan. Publicado en España en 1998 por Planeta DeAgostini.

fortaleza física no tiene cabida en estos *mangas*, o si la tiene siempre acaba sometida por las capacidades mentales y emocionales de los protagonistas.

Los guionistas no profundizan en exceso en la psicología del personaje, pero se esfuerzan en representar al máximo la expresividad y la alegría que deben imperar en el carácter de estos jóvenes héroes. Esa expresividad y naturalidad es lo que atrae a muchos japoneses adultos, incluso ya por los cuarenta, que se confiesan asiduos lectores de este género.

El estilo desenfadado de estas historias se desarrolla en entornos reales como la escuela, el barrio o la vivienda familiar, o representa situaciones rutinarias como las salidas con los amigos, el deporte o el despertar de los primeros amores. En algunos casos la trama se adentra en la ciencia ficción y aparecen

mundos paralelos llenos de criaturas mágicas y sociedades extravagantes.

Astroboy o *Tetsuwan Atom* (1963, Osamu Tezuka), que ya hemos mencionado, es un clásico del *manga* infantil en ambientes futuristas. Un robot con cuerpo de niño, extraordinarios poderes para combatir, una gran capacidad de movimiento y una inteligencia artificial con una concepción bastante parecida a las propuestas literarias de Asimo, pero en infantil.

La conocida y todavía exitosa serie *Detective Conan* (1994, Gosho Aoyama) se ha convertido en un fenómeno entre los más pequeños. Un joven detective de diecisiete años que retrocede en el tiempo, a causa de un maleficio, hasta cuando tenía siete años. Resolverá todos los casos gracias a su tesón y al derroche de imaginación para el análisis de los casos criminales.

NIÑA CON MASCOTA

Proyecto I

1

Trazamos unas líneas y círculos para situar la figura. Tenemos en cuenta las posturas de los niños y sus proporciones. La cabeza es más grande, las manos y pies más pequeños y redondos.

Las aventuras mágicas y la realidad del mundo infantil se mezclan en este personaje sencillo y conmovedor. La felicidad está por encima de cualquier cosa, la historia siempre acaba bien y la niña es la pequeña heroína de sus amigos y familiares. Sus pequeñas caras, normalmente alegres, suelen despertar mucha ternura en momentos de tristeza, pero también pasan del llanto a la sonrisa con gran facilidad. Tiene una pequeña mascota, su fiel y exótica compañera, que cobra vida solo cuando están las dos solas, y que

le ayuda en sus aventuras. Son personajes muy creativos, no suelen usar la violencia, así que tienen que dedicar toda su imaginación e intuición para resolver los problemas.

Varitas mágicas, poderes espectaculares, princesitas, mascotas sorprendentes, misiones «terroríficas»... Un mundo de colores que reivindica la amistad y la diversión para luchar contra las pequeñas pesadillas del mundo infantil.

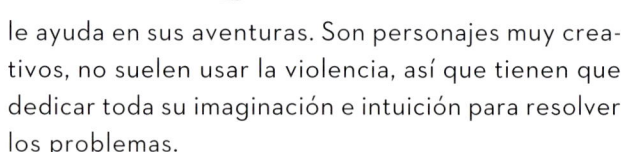

2 Empezamos a dar forma a cada una de las partes del cuerpo respetando las posturas de la figura.

LUZ

3 Marcamos la zona de sombra imaginando que la luz incide desde arriba a la izquierda.

4 Dibujamos un traje y unos zapatos grandes y exagerados, también creamos un espacio donde situar a la niña, por ejemplo volando en un cielo con nubes, algo irreal y de fantasía. Buscamos la línea definitiva y la trazamos continua y firme.

5

Comenzamos a colorear las distintas partes del dibujo eligiendo colores pasteles e infantiles.

6

Seguimos coloreando cada parte en una capa distinta. Los ojos los exageramos más que de costumbre, dibujándolos de un color azul cielo.

7 Al colorear el cielo lo degradamos para dar una sensación de transparencia.

8 Con la herramienta *tono saturación* vamos jugando con los tonos elegidos, cambiándolos según el efecto que queramos conseguir.

9 Agrupamos todas las capas y trazamos contorneando un recorrido basándonos en la zona de sombra que teníamos dibujada en línea. Convertimos el trazado en selección y con las curvas de color oscurecemos la selección subiendo los niveles de los cuatro colores CMYN.

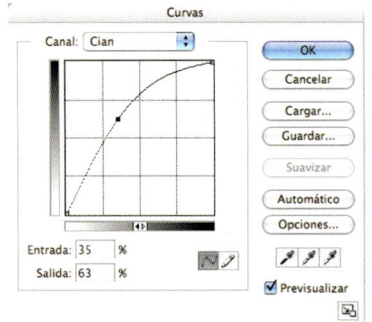

10 Podemos crear una luz nocturna; con la herramienta *tono saturación* vamos jugando con los tonos cambiando el color, la saturación y la luminosidad.

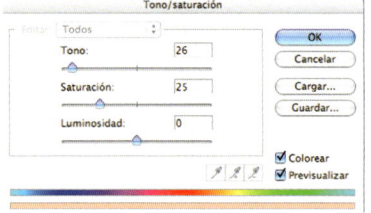

Bocetamos la mascota por separado para poder explicar mejor cada paso.

11 Trazamos las líneas y círculos correspondientes, con un trazo suelto, seguimos dando forma a la mascota.

12 Buscamos una sola línea final que sea el contorno del dibujo.

13 Elegimos dos colores diferentes pero que se armonicen para la mascota y rellenamos de cada color el cuerpo, colocando cada uno en una capa distinta.

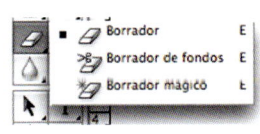

14 Con la capa seleccionada de arriba y la herramienta de la *goma de borrar* vamos aplicándola en algunas zonas para conseguir que vaya poco a poco apareciendo el otro tono que escogimos para el cuerpo de la mascota y que está en la capa inferior.

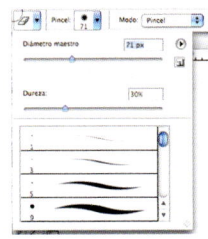

15 La goma de borrar la creamos con un flujo y una opacidad de un 38 %, más o menos, y queremos que el grosor de la goma sea de un 270 y de muy poca dureza.

LUCES Y SOMBRAS

1 Aplicamos las sombras a la mascota respetando la dirección de la luz que dimos a la niña.

LUZ

2 Con la herramienta de *curvas de color* oscurecemos la parte de sombra.

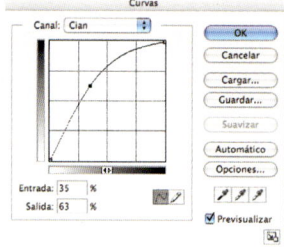

3 Aplicamos unos reflejos un poco ficticios para dar más volumen y gracia al dibujo.

4 Con la herramienta de *curvas de color* aclaramos la parte elegida para brillos.

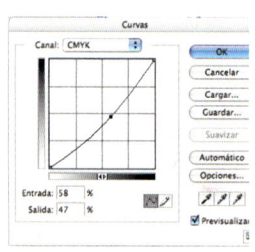

Agrupamos todas las capas del documento, excepto la capa del fondo y una vez agrupado, copiamos esa capa y la pegamos en el documento donde dibujamos la niña. Con la herramienta de *escalar* y de *rotar* vamos dando el tamaño y la posición deseada a la mascota dentro del dibujo de la niña.

HÉROE DEPORTIVO

Los *mangas* deportivos son un género que siempre ha tenido su espacio en la extensa variedad de la temática *manga*. Muy acorde con el espíritu de superación y de exigencia de las culturas orientales, los deportistas tienen que superar graves lesiones o problemas emocionales que los alejan del éxito deportivo. En el fondo son historias sencillas, de finales felices, que no buscan respuestas existenciales, y donde no existen civilizaciones amenazadas.

Si el protagonista quiere verdaderamente llegar a la cima de su sueño deportivo, tendrá que soportar inhumanos entrenamientos, acosado por entrenadores exigentes, y por rivales que le retan continuamente para destronarle. Suelen estar muy dotados físicamente, esbeltos, pero sin llegar a la sensualidad. Las relaciones sentimentales no son importantes, solo algún

Capitán Tsubasa, de Yoichi Takahashi, editado en 1981 por Shueisha. Publicado en España en 2003 por Ediciones Glénat.

que otro pequeño drama romántico, o las dolorosas separaciones entre los amigos de la infancia.

Los ambientes no tienen nada fuera de lo normal; los campos de entrenamiento, la escuela, las reuniones familiares... Pero el estadio, o la pista deportiva, se convierten en el moderno coliseo donde los protagonistas demostrarán sus habilidades, todo lo que han aprendido, y emocionarán a los espectadores, que son una parte muy importante de este tipo de *mangas*.

En los *mangas* de acción deportiva, los dibujantes utilizan todas sus armas para dotar de gran dinamismo a las series de viñetas que describen las acciones de las estrellas deportivas. Las caras sufriendo por el esfuerzo, los golpes de los contrarios, el jadeo del público, tanta vitalidad anula casi totalmente la impor-

tancia del texto, algo tampoco tan extraño en algunos *manga* de trama sencilla. Por ejemplo, *Capitán Tsubasa* o *Campeones* (1981, Yoichi Takahashi), el sueño de un joven por llegar a jugar en las mejores ligas y equipos de fútbol. Se dice que fue ideada para promocionar el fútbol en Japón; el caso es que fue y es un gran éxito, publicado en todos los soportes y que publica un OVA coincidiendo, cada cuatro años, con los mundiales de fútbol.

Algo más moderno es *The prince of tennis* (2000, Takeshi Konomi). Narra la historia del equipo de tenis de la escuela de la localidad de Seigaku y el afán de superación de los nueve integrantes para ganar los campeonatos regionales. En segundo plano aparece la historia de las relaciones padre-hijo, algo que enriquece a algunos de estos personajes atléticos, admirados por sus compañeros y temidos por sus rivales.

FÚTBOLISTA

Proyecto I

1 Trazamos unas líneas que nos sirvan de referencia para ver qué posición y movimiento tendrá la figura. Con círculos de diferentes tamaños marcamos un poco dónde estarán las rodillas, la cabeza, las muñecas y los tobillos.

El fútbol es uno de los deportes que más pasiones desata entre el competitivo pueblo japonés. En las series de *manga*, la pasión por el balón se mezcla con las ambiciones infantiles de llegar a ser una gran estrella, asediado por cámaras y admiradoras. El camino al éxito no es fácil, la rivalidad entre los equipos es fuerte, las técnicas son innovadoras, espectaculares, apoyados por una forma física envidiable. El continuo afán de superación y el trabajo en equipo serán las claves del éxito.

Durante la etapa escolar son los ídolos de sus compañeros, los mejores de la clase; más tarde se convierten en estrellas, más alejados de la realidad, viviendo momentos difíciles, como lesiones dramáticas que finalmente se curan, milagrosamente, en el último minuto. Para nuestro protagonista solo existe el fútbol, y solo tiene una opción, entrenarse duro para ganar, y ganar.

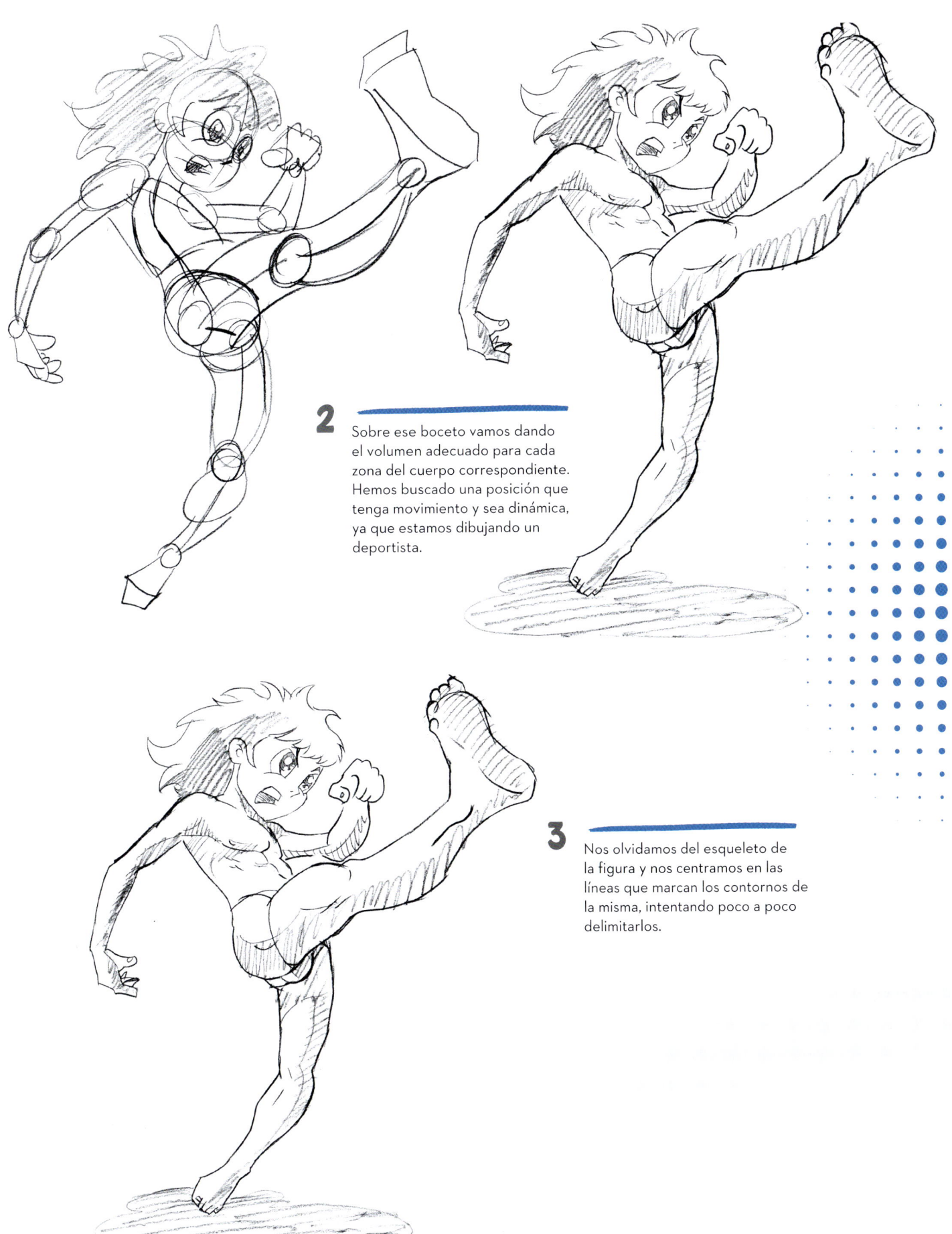

2 Sobre ese boceto vamos dando el volumen adecuado para cada zona del cuerpo correspondiente. Hemos buscado una posición que tenga movimiento y sea dinámica, ya que estamos dibujando un deportista.

3 Nos olvidamos del esqueleto de la figura y nos centramos en las líneas que marcan los contornos de la misma, intentando poco a poco delimitarlos.

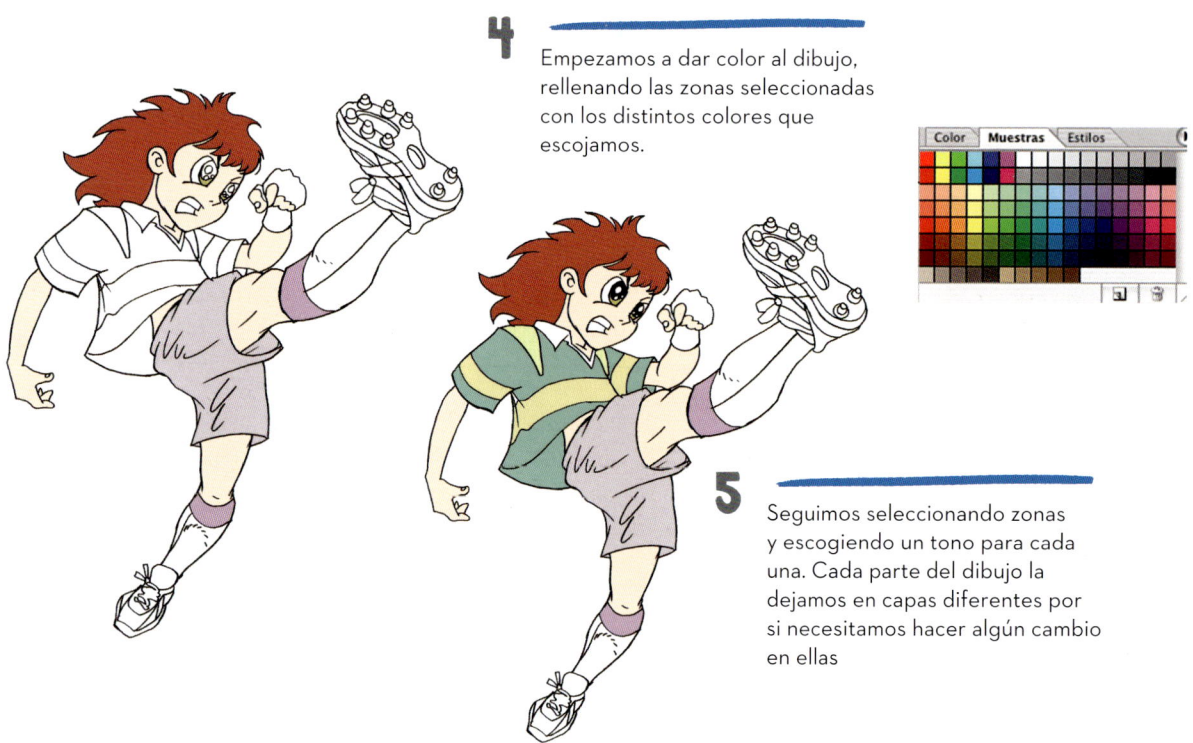

4
Empezamos a dar color al dibujo, rellenando las zonas seleccionadas con los distintos colores que escojamos.

5
Seguimos seleccionando zonas y escogiendo un tono para cada una. Cada parte del dibujo la dejamos en capas diferentes por si necesitamos hacer algún cambio en ellas

LUCES Y SOMBRAS

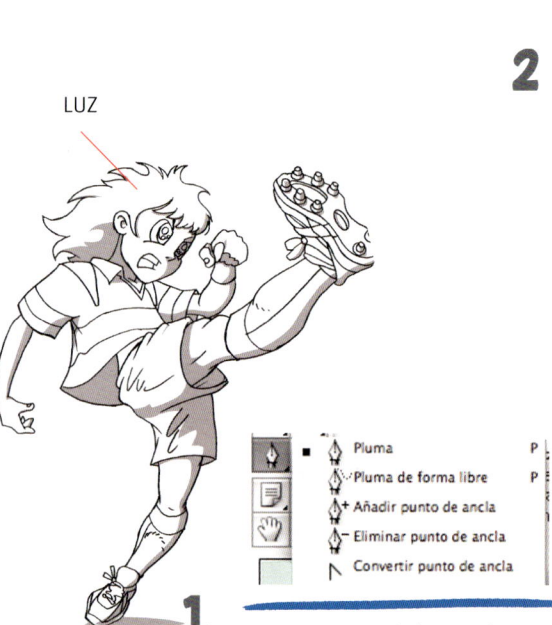

LUZ

1
Imaginamos que la luz incide en la parte izquierda y superior de la figura. Según esa indicación, seleccionamos la parte donde daría sombra haciendo un trazado con la correspondiente herramienta.

Pluma   P
Pluma de forma libre   P
Añadir punto de ancla
Eliminar punto de ancla
Convertir punto de ancla

2
Trazamos puntos de luz que funcionen como reflejos y con la herramienta *tono saturación* en la opción de *colorear* le damos un tono al dibujo para poder ver claramente cuáles son las zonas de sombra y de luz.

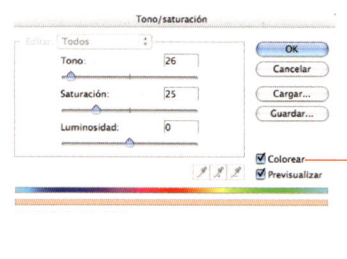

3
Cambiamos también el tono del contorno de la figura para que se mimetice más con el personaje.

CIENCIA FICCIÓN

Los mundos controlados por la tecnología y las relaciones de las máquinas con la humanidad son el argumento de muchos de los *mangas* en la actualidad. En 1818 Mary Shelley publicó su famosa novela *Frankenstein*, dando inicio al género que se conoce como ciencia ficción o, más correcto, ficción científica. Posteriormente, obras literarias como las novelas de Isaac Asimov conectaron e influyeron claramente en los guionistas de *mangas* japoneses.

Aventuras espaciales en naves interplanetarias, mundos remotos y criaturas nunca vistas se mezclan con entornos visuales futuristas. Megaciudades en la tierra, ciudades flotantes en el espacio y ciudades subterráneas, verdaderos avisperos repletos de humanos, máquinas o seres que se encuentran en la frontera entre la tecnología y la vida autónoma y pasional.

En la ficción científica, la galería de personajes es extensa: lejanos emperadores, androides, robots con pilotos humanos en su interior *(mechas)*, mutantes,

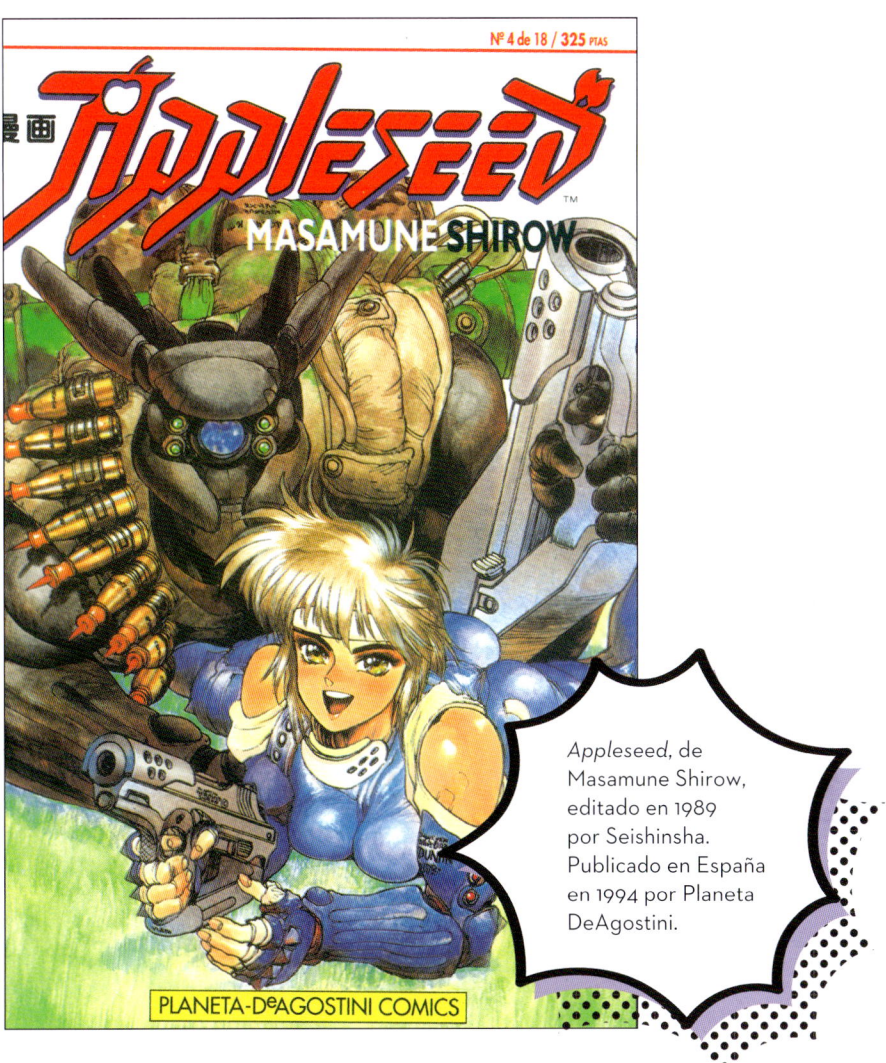

PLANETA-DeAGOSTINI COMICS

Appleseed, de Masamune Shirow, editado en 1989 por Seishinsha. Publicado en España en 1994 por Planeta DeAgostini.

cazadores de recompensas, *cibermujeres* guerreras, pilotos de naves que viajan en el tiempo...

La estética sensual y futurista se mezcla en personajes destinados a salvar a la raza humana de las terribles amenazas que le acechan. Dispuestos a dar su vida por sus ideales, la mayoría de los protagonistas son jóvenes bien preparados, elegidos de una elite.

Algunas corrientes como el *ciberpunk* se enmarcan dentro del mundo de los computadores y de las grandes autopistas de la información. Pero la visión no es tan idílica como en los autores clásicos del género. Hablan de mundos oscuros, de sociedades fracasadas que han sido creadas bajo la influencia de las nuevas tecnologías de la información asentadas en las últimas décadas del siglo pasado.

Mazinger Z (1972), de Go Nagai, es un clásico de la ciencia ficción en el *manga*, y fue una de las primeras series con un *mecha* y su piloto como protagonistas. Es un claro exponente de la simbiosis entre lo humano y lo tecnológico. Los enemigos de Mazinger y de su piloto, Koji Kabuto, están continuamente produciendo poderosas armas para dominar el mundo, lo cual supondrá un reto tecnológico: preparar al *mecha* para combatir a su enemigo.

Cowboy Bebop (1997, Keiko Nobumoto), es un éxito actual protagonizado por dos cazarrecompensas espaciales que se dedican a detener a delincuentes de poca monta. Del desierto de Arizona y las cabezas de ganado, al espacio infinito y las naves espaciales, solo que los protagonistas utilizan espectaculares naves espaciales en vez de los corceles de los vaqueros.

ANDROIDE

1

Dibujamos el androide basándonos en una figura humana. Trazamos unas líneas que insinúen las extremidades de la figura y unos círculos para señalar rodillas, codos...

La rebelión de las máquinas también es un tema en el *manga*. La cada vez más cercana inteligencia artificial está representada por los androides; máquinas de última tecnología programadas para imitar pero que luchan por lograr una entidad, por lograr el reconocimiento de que están vivos. Esas ansias provocan el despertar de su voluntad, y en muchos casos se rebelarán contra los humanos reivindicando una posición más activa, para eso no dudarán en aliarse con otras

máquinas de similares características para planificar estrategias que les liberen del yugo de sus creadores.

Hay de todo tipo, desde sirvientes para labores domésticas o trabajadores de una fábrica, hasta diseñadores de armamento o guerreros con cualidades portentosas; gran modernidad y diversidad de armamento, velocidad de desplazamiento y, en definitiva, ausencia de miedo hasta en las situaciones más extremas gracias a su falta de sentimentalismo.

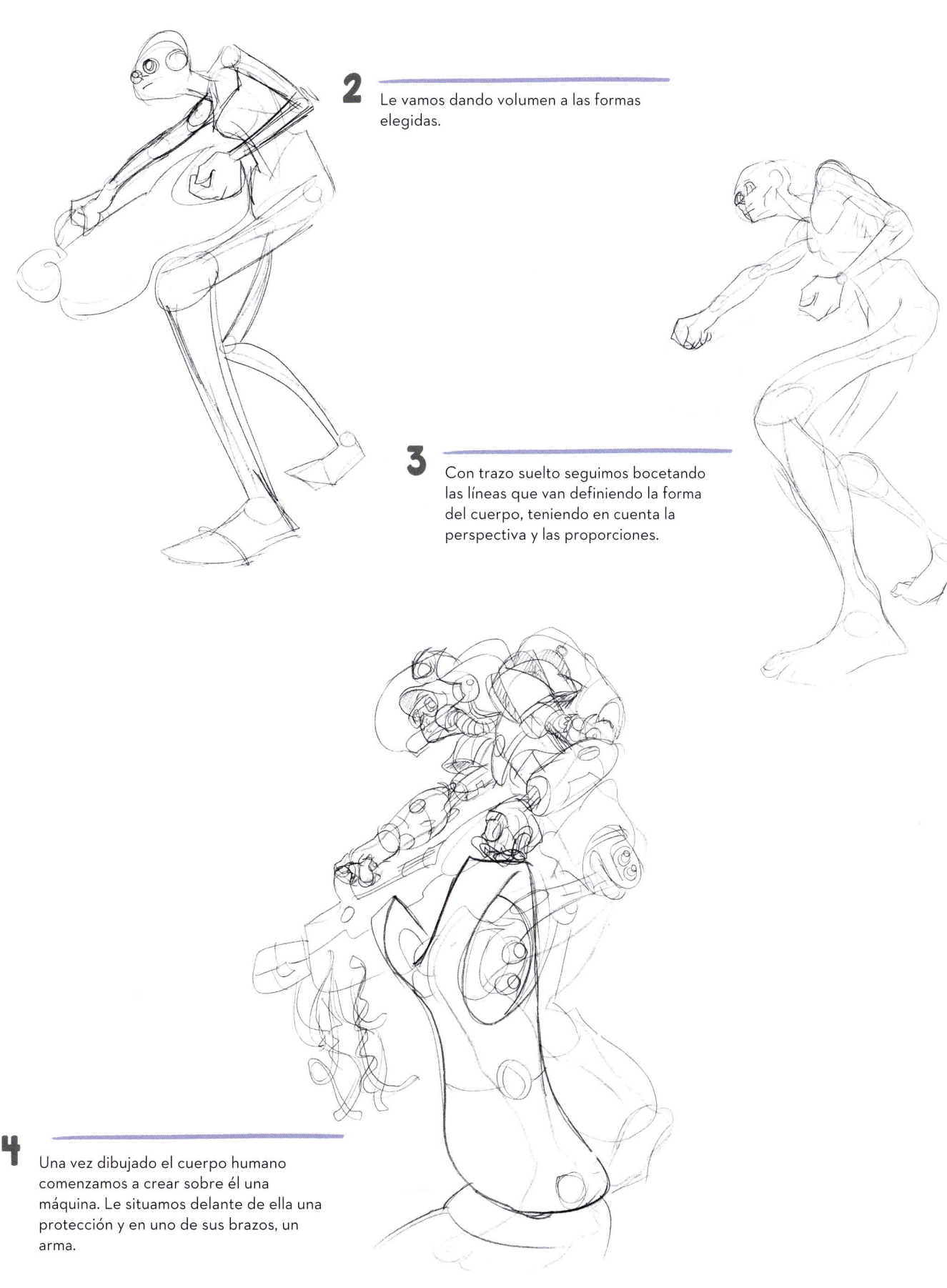

2 Le vamos dando volumen a las formas elegidas.

3 Con trazo suelto seguimos bocetando las líneas que van definiendo la forma del cuerpo, teniendo en cuenta la perspectiva y las proporciones.

4 Una vez dibujado el cuerpo humano comenzamos a crear sobre él una máquina. Le situamos delante de ella una protección y en uno de sus brazos, un arma.

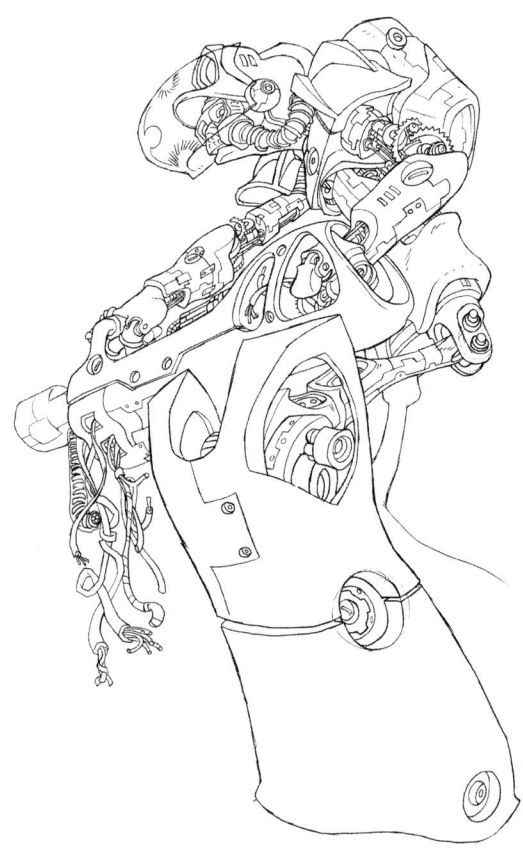

5

Borramos las líneas del boceto y dibujamos la línea definitiva. Ahora el trazo de la línea es muy importante, tiene que ser firme y a ser posible, que la línea esté completamente unida, para que a la hora de escanear el dibujo y darle color se pueda seleccionar sin problema cada zona.

CONSEJO

Como es un dibujo que está hecho principalmente para mostrar cómo es un androide en el tipo de dibujo manga y es muy complicado de colorear por la cantidad de detalle que tiene, vamos a seleccionar toda la figura entera.

◊ Pluma	P
◊ Pluma de forma libre	P
◊+ Añadir punto de ancla	
◊− Eliminar punto de ancla	
╲ Convertir punto de ancla	

Capas **Trazados**

Trazado en uso

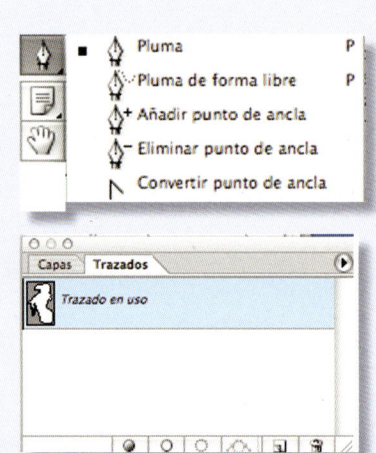

Con la herramienta de trazado hacemos un trazado del personaje. Una vez que tengamos el trazado hecho, lo convertimos en selección.

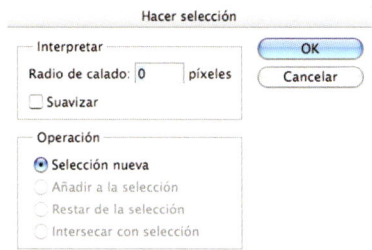

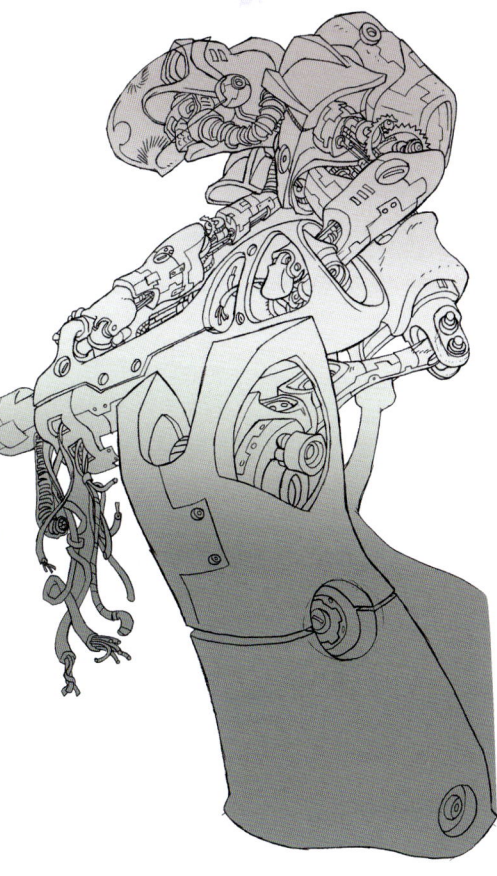

6 A la selección le damos cero píxeles de calado.

7 Seleccionamos la zona de sombra y la aplicamos sobre el dibujo una vez agrupadas todas las capas excepto la capa del fondo. Con la herramienta *curvas de color* oscurecemos la zona.

LUCES Y SOMBRAS

1 Seleccionamos la herramienta de *sobreexponer subexponer* y la vamos aplicando en algunas zonas para dar un poco de volumen.

	Sobreexponer	O
	Subexponer	O
	Esponja	O

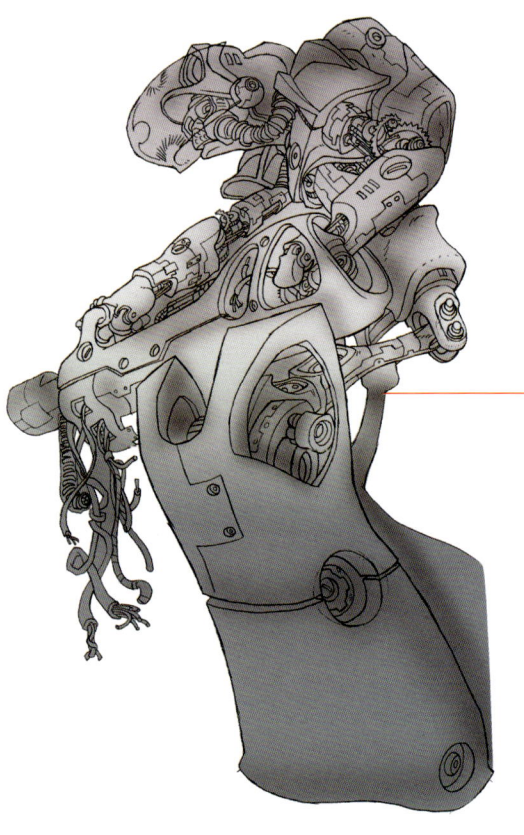

2 Duplicamos la capa del degradado del color.

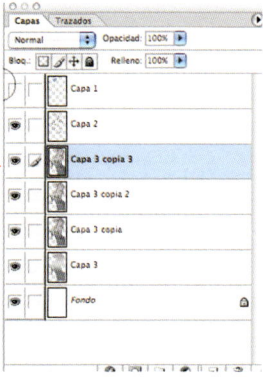

3 Una vez que tenemos la otra capa, le damos un tono diferente con la herramienta *tono saturación*.

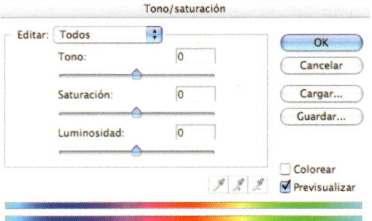

4 Con la goma de borrar vamos haciendo desaparecer algunas zonas de color en una de las capas, permitiendo que vayan apareciendo los otros tonos. De esta manera conseguimos más riqueza de color y más reflejos.

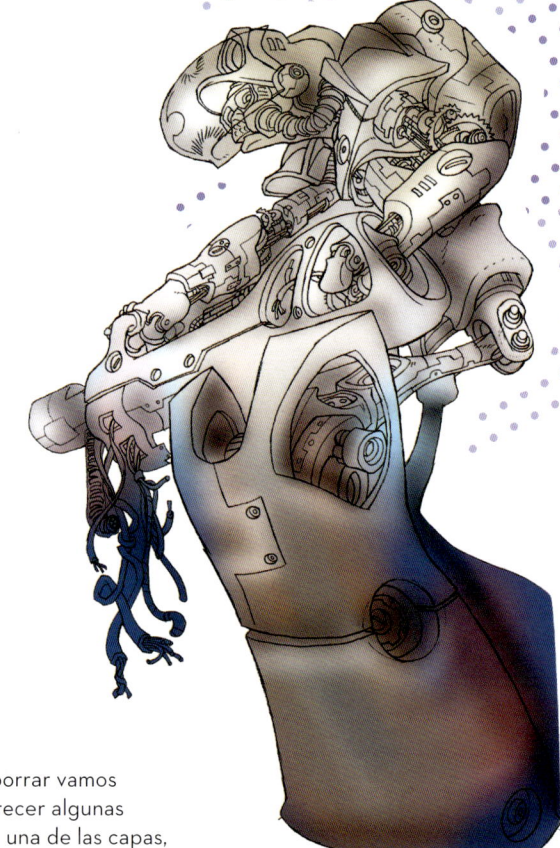

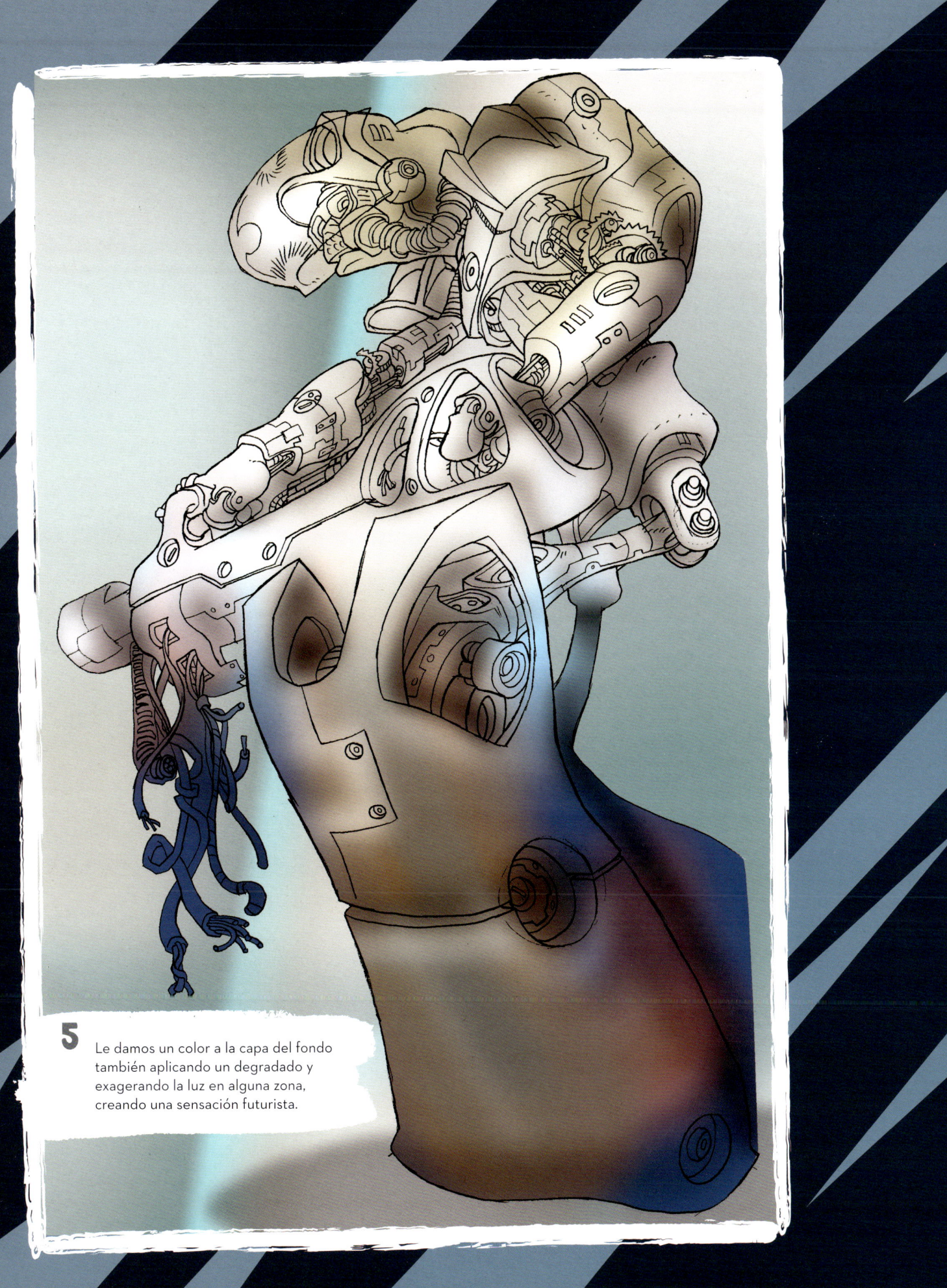

5 Le damos un color a la capa del fondo también aplicando un degradado y exagerando la luz en alguna zona, creando una sensación futurista.

PILOTO

Proyecto II

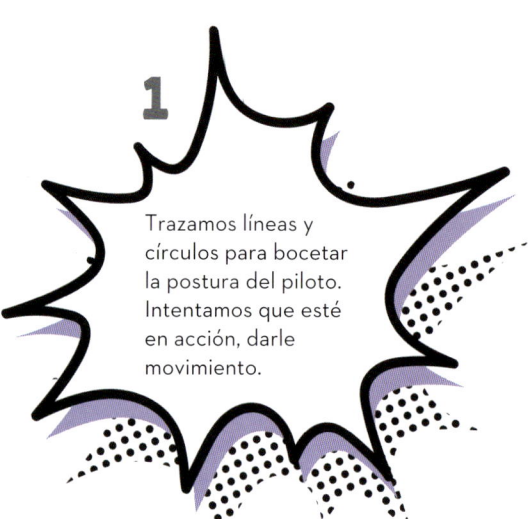

1

Trazamos líneas y círculos para bocetar la postura del piloto. Intentamos que esté en acción, darle movimiento.

Los pilotos son guerreros míticos que representan la elite que defenderá el planeta de los ataques de los agresores. Muchas veces la victoria o la derrota dependerán de su pericia y valentía. Desde modernas naves espaciales hasta *mechas* (robots), estos personajes manejan las últimas tecnologías de pilotaje y combate. Son elegidos por sus propios compañeros y su adiestramiento es constante. Las misiones se suceden una tras otra, apenas hay tiempo para los romances, que siempre quedan en segundo plano. Esta exigencia hace que muchas veces puedan parecer serios y solitarios, hundidos en sus pensamientos, o extenuados por el cansancio.

Suelen llevar trajes cómodos de última generación para las largas jornadas de combate, con algunas conexiones físicas que les permiten controlar los artefactos, ya sea mentalmente, con sensores, o mecánicamente.

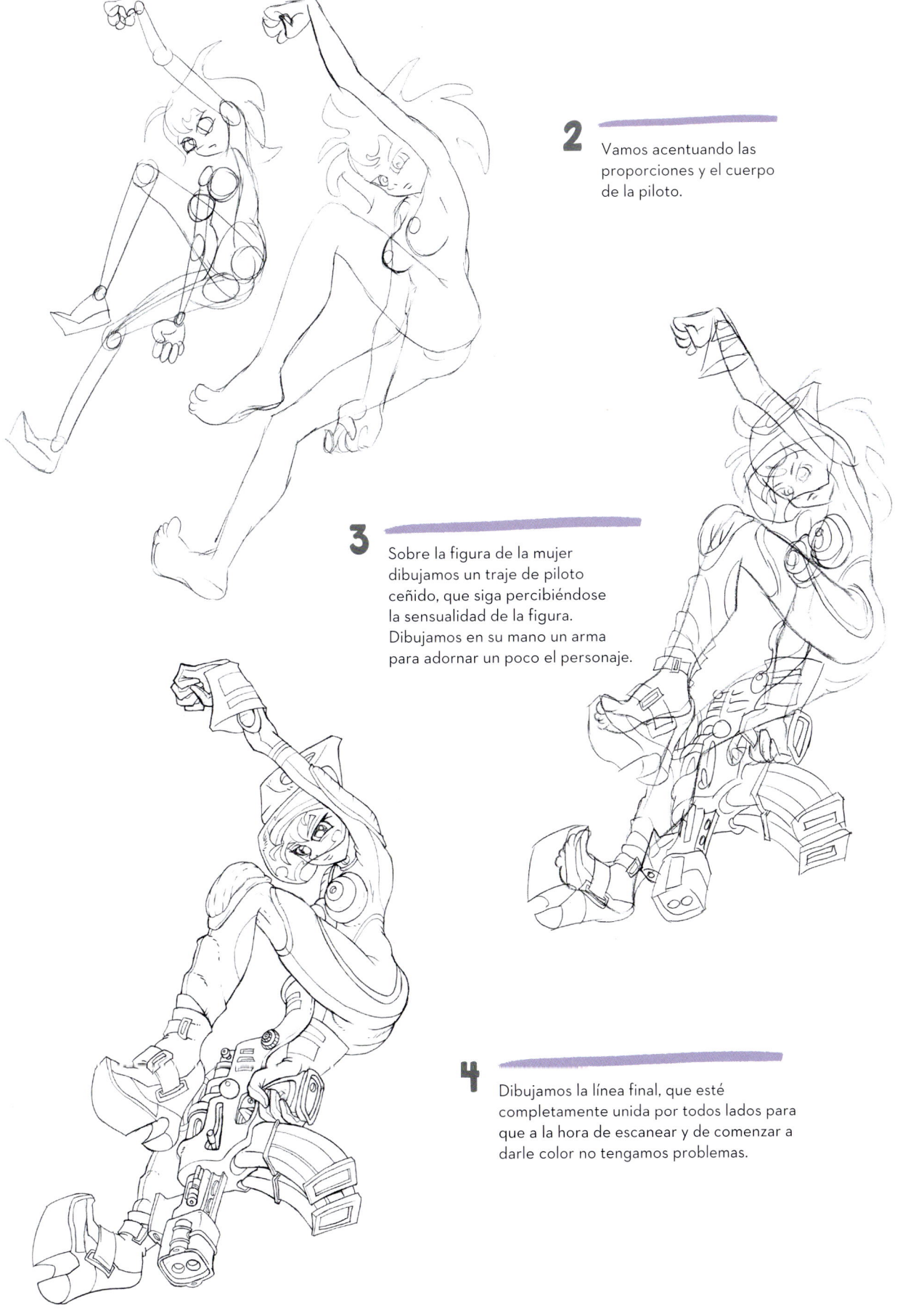

2 Vamos acentuando las proporciones y el cuerpo de la piloto.

3 Sobre la figura de la mujer dibujamos un traje de piloto ceñido, que siga percibiéndose la sensualidad de la figura. Dibujamos en su mano un arma para adornar un poco el personaje.

4 Dibujamos la línea final, que esté completamente unida por todos lados para que a la hora de escanear y de comenzar a darle color no tengamos problemas.

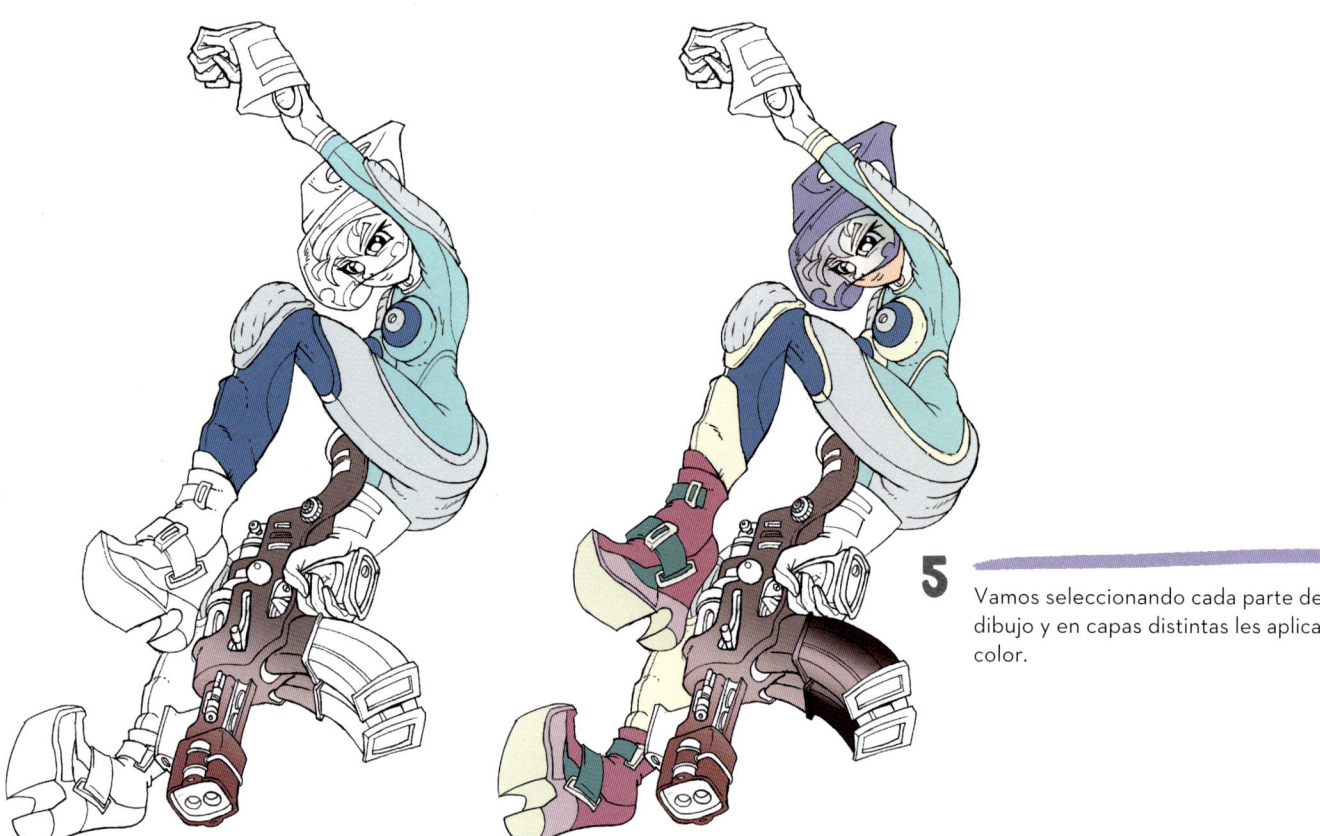

5 Vamos seleccionando cada parte del dibujo y en capas distintas les aplicamos color.

6 Seleccionamos para el traje de la piloto unos colores que no contrasten demasiado entre ellos.

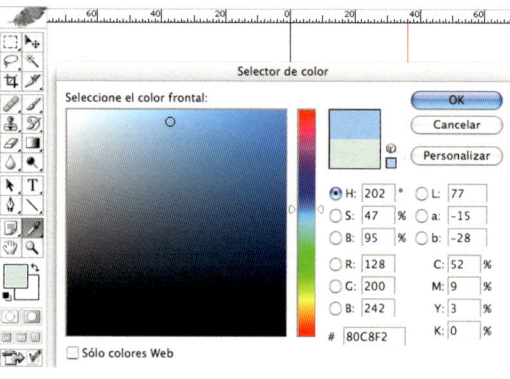

LUZ

7

Trazamos con la pluma la sombra que se crea suponiendo que la luz externa incide sobre la cibermujer desde la parte superior izquierda.

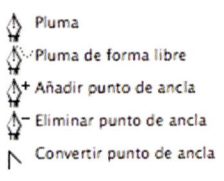

✒ Pluma	P
✒ Pluma de forma libre	P
✒⁺ Añadir punto de ancla	
✒⁻ Eliminar punto de ancla	
⬉ Convertir punto de ancla	

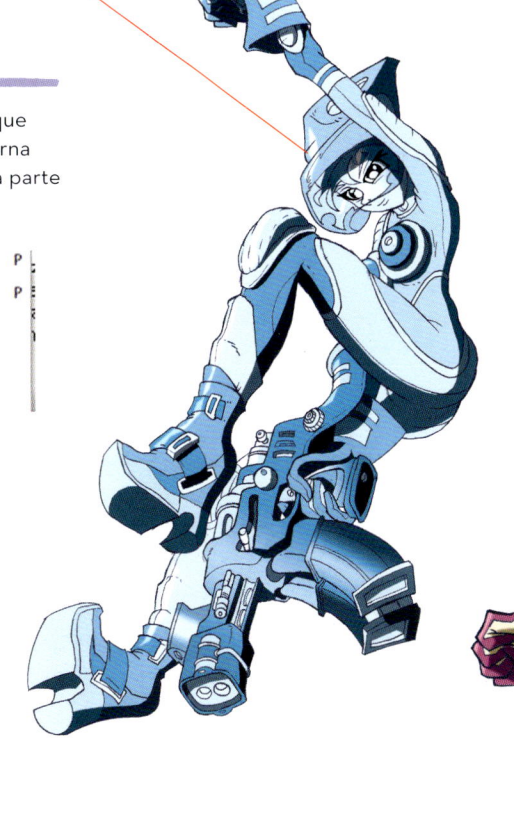

8

Ahora, con las curvas de color oscurecemos la selección.

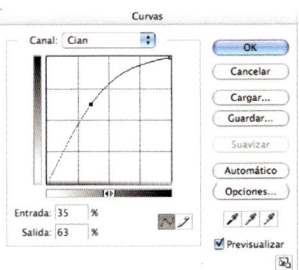

1 Una vez agrupada, en el menú *capas* desplegamos la ventana y duplicamos la capa de la piloto, después la distorsionamos y escalamos.

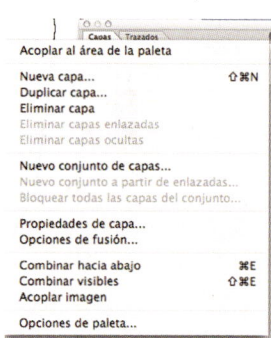

2 Aplicamos el filtro de *desenfoque de movimiento* seleccionando una distancia elevada para acentuarlo.

3 Bajamos la opacidad de la capa para que sea más real el efecto del movimiento.

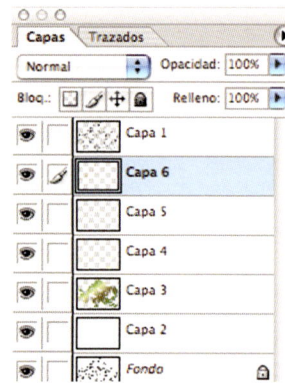

MECHAS

1

Dibujamos unas líneas y círculos que insinúen la silueta de un robot. Buscamos una posición de combate dentro de la capacidad reducida de movimiento y agilidad que tiene una máquina.

Los robots bélicos más poderosos son enormes máquinas armadas con la última tecnología. En la mayoría de los casos están dirigidos por un piloto de elite dentro de una cabina de control situada en la cabeza o en el pecho del *mecha*. El piloto se ajusta unas conexiones y transmite sus movimientos y pensamientos a la máquina, que los ejecuta como una prolongación del hombre. Como contrapartida, el piloto también sufre dolor cuando el robot es herido por un impacto del fuego enemigo, o cansancio cuando el esfuerzo ha sido grande.

A pesar de su torpeza en los movimientos, cuando están en tierra su capacidad destructiva es enorme. Puede combatir cuerpo a cuerpo con el sable, o a distancia con sus armas cargadas de energía. Muchos de los sistemas de combate están ocultos en los brazos o en la espalda y aparecen solo en el momento de la lucha. Para desplazarse por el aire con rapidez utilizan propulsores situados en los pies o en la espalda.

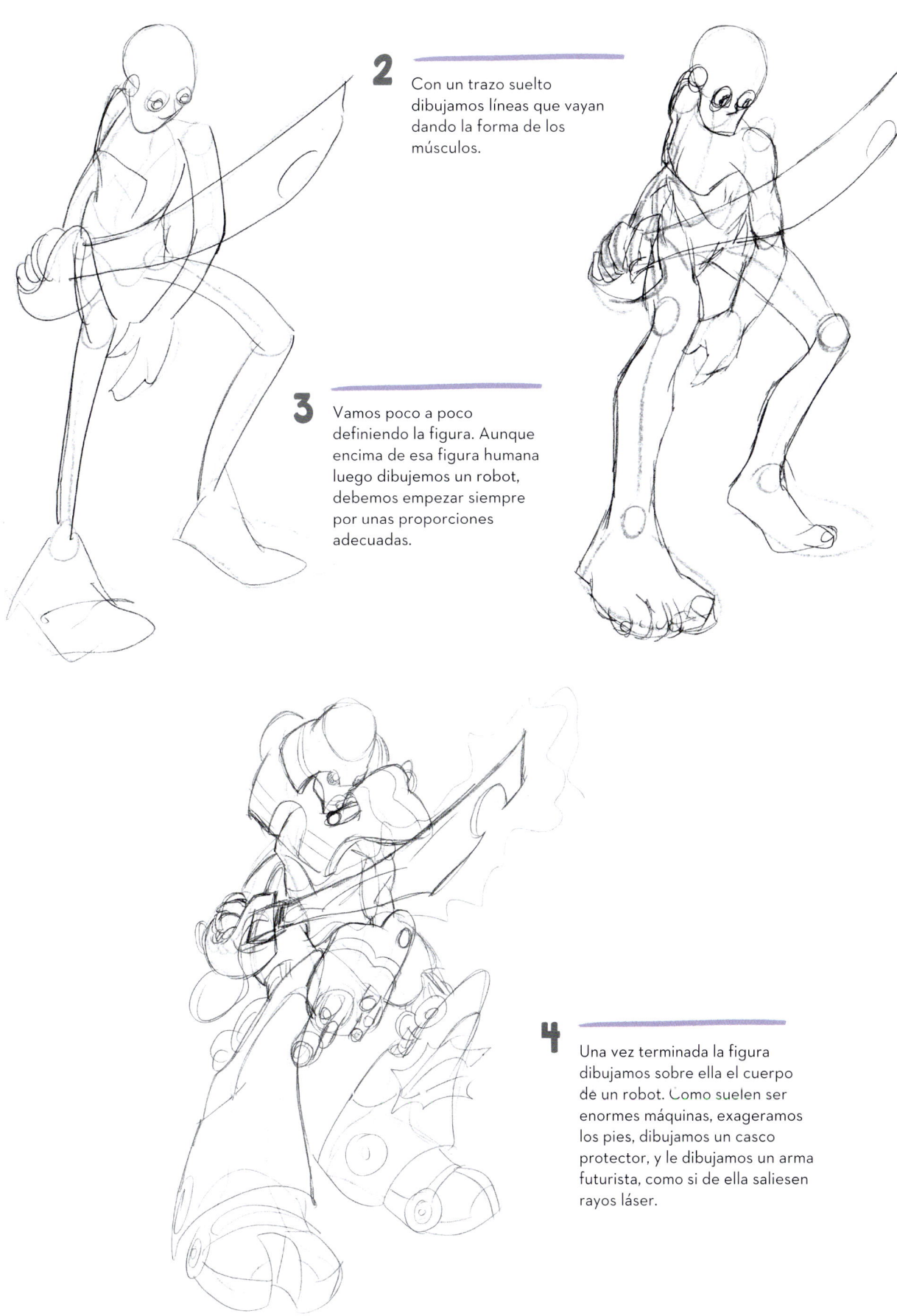

2 Con un trazo suelto dibujamos líneas que vayan dando la forma de los músculos.

3 Vamos poco a poco definiendo la figura. Aunque encima de esa figura humana luego dibujemos un robot, debemos empezar siempre por unas proporciones adecuadas.

4 Una vez terminada la figura dibujamos sobre ella el cuerpo de un robot. Como suelen ser enormes máquinas, exageramos los pies, dibujamos un casco protector, y le dibujamos un arma futurista, como si de ella saliesen rayos láser.

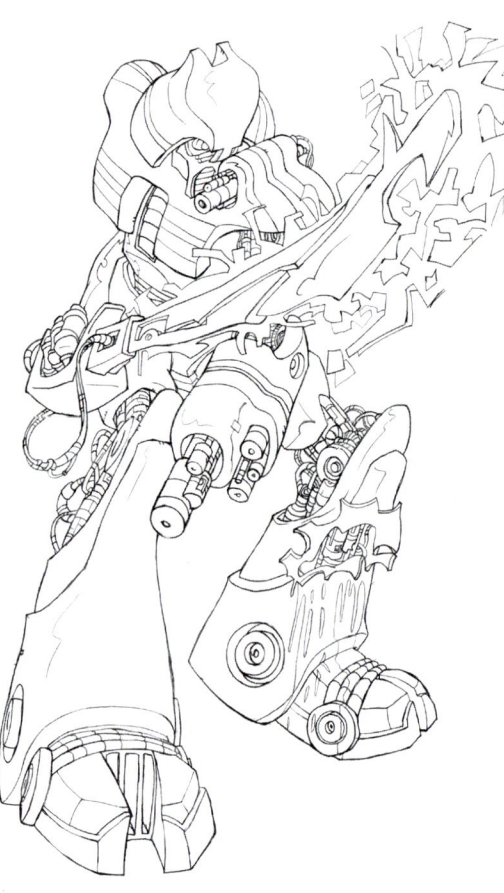

5 Dibujamos la línea definitiva. Uno de los brazos del robot lo hemos convertido en un arma, el otro lo hemos respetado como tal.

6 Vamos coloreando las zonas aplicando degradados para dar un efecto más metálico y cada una de las zonas la situamos en una capa diferente.

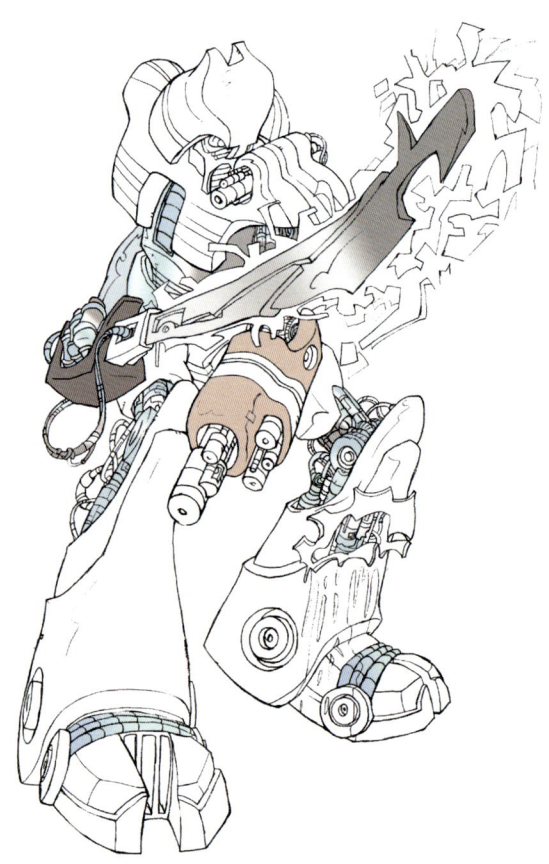

7

Pinchamos el color seleccionado dos veces para que se abra la ventana de selector de color y creamos los colores que queramos, buscando el toque fantástico para el dibujo de la máquina.

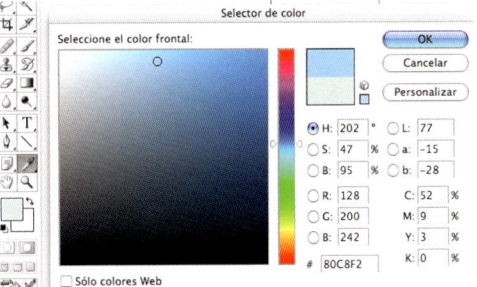

Colores azulados grisáceos, que nos puedan recordar una textura de aluminio o de metal.

8

Seguimos dando color al dibujo y borramos las líneas que marcan los rayos del arma para que no queden tan duros con el contorno negro.

9

Con la herramienta de *brillo contraste* acentuamos un poco los colores dándoles más vitalidad.

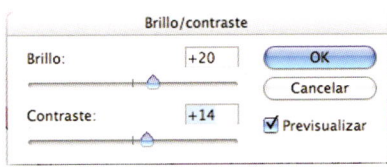

10 Elegimos una gama de colores para dar el efecto de rayos láser, de transparencia y de electricidad.

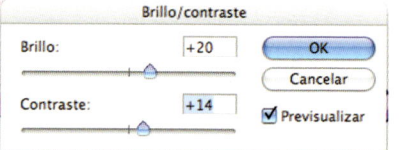

11 Los acentuamos de nuevo con la herramienta *brillo* y *contraste*.

LUCES Y SOMBRAS

LUZ

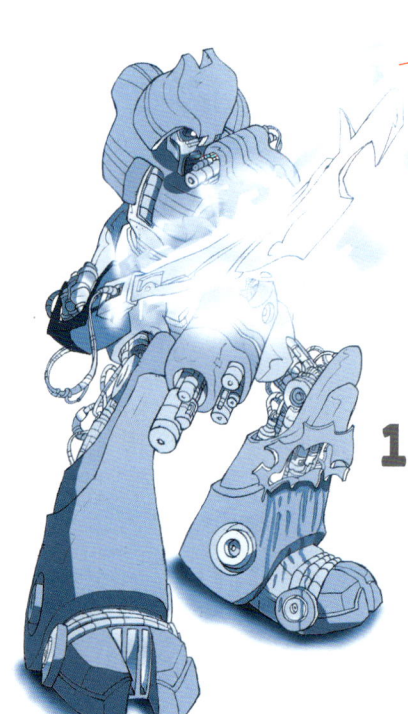

1 La luz incide desde la parte superior a la derecha.

2 Seleccionamos la zona de sombra y la aplicamos sobre el dibujo, una vez agrupadas todas las capas excepto la capa del fondo. Con la herramienta *curvas de color* oscurecemos la zona.

CIBERMUJER

Proyecto IV

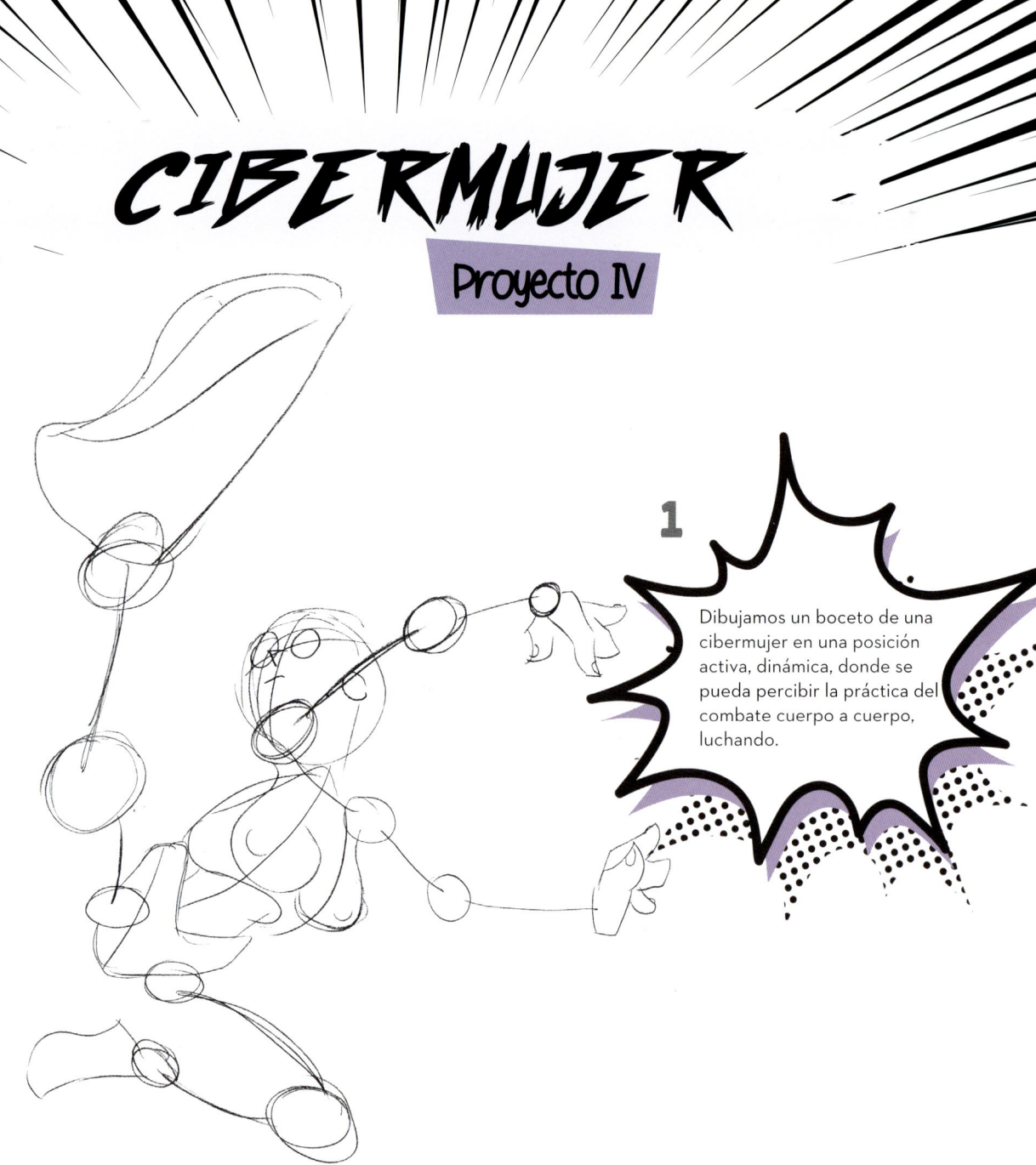

1

Dibujamos un boceto de una cibermujer en una posición activa, dinámica, donde se pueda percibir la práctica del combate cuerpo a cuerpo, luchando.

Es un personaje recurrente, típico del *manga*. Una luchadora nata, con una energía en el combate que se sostiene por su constante adiestramiento en la práctica de modernas técnicas de combate cuerpo a cuerpo.

El resultado es una combinación de velocidad, fuerza y resistencia que la convierten en un enemigo eficaz y escurridizo. Como la mayoría de las heroínas, apenas tiene tiempo para las relaciones sentimentales, no es fácil encontrar el momento de acercarse a ellas. Incluso muchos de estos personajes tienen un carácter frío y distante.

Aunque no sea muy apasionada, sí lo es su apariencia, muy sugerente, con modernos y ceñidos materiales que envuelven su cuerpo y le dan plasticidad y sensualidad. Su estado físico es impecable, los músculos se marcan claramente por todo su cuerpo. El casco, con micrófonos en vez de orejas, y los propulsores para desplazarse velozmente, son dos elementos característicos de esta cibermujer.

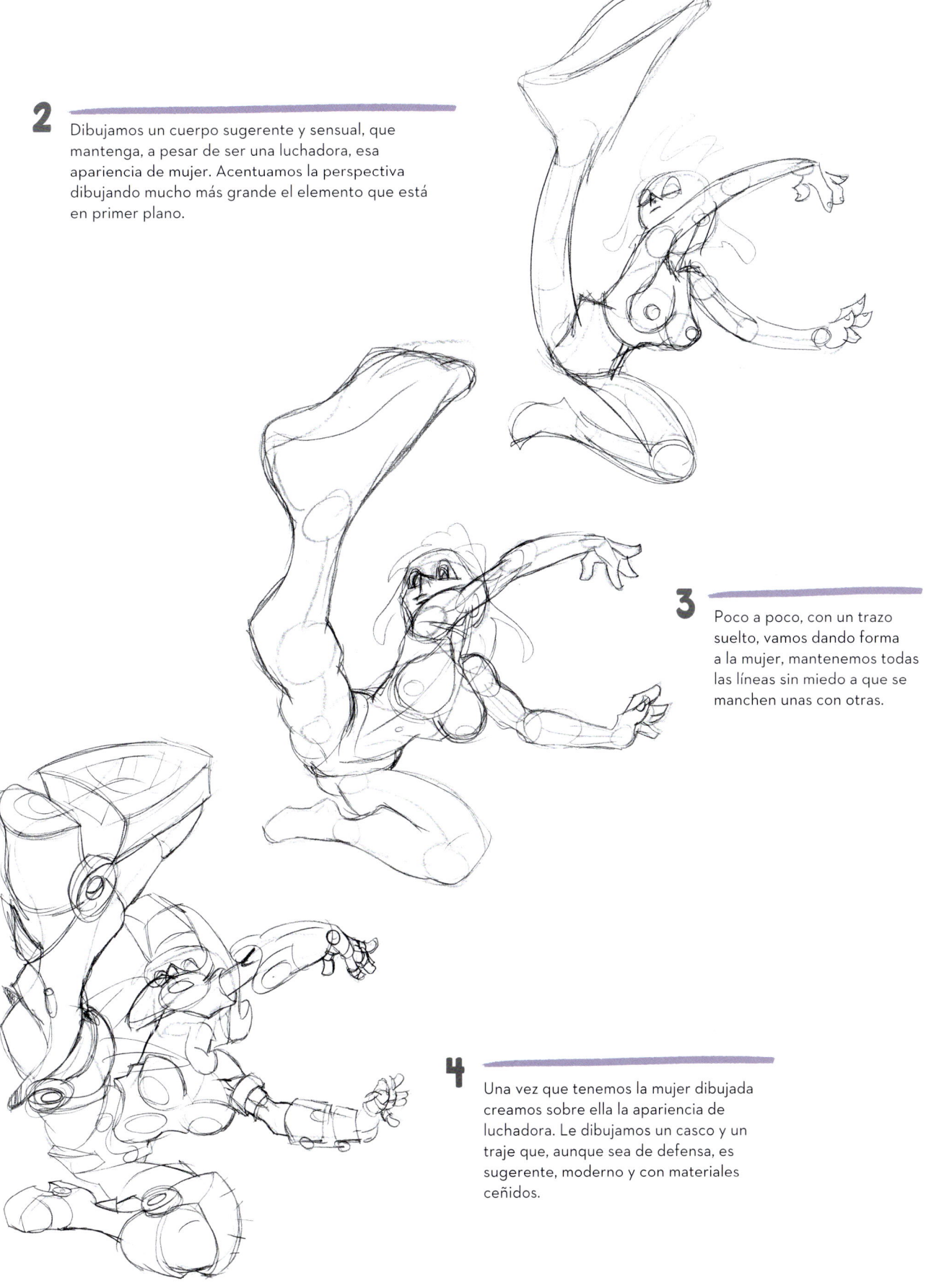

2 Dibujamos un cuerpo sugerente y sensual, que mantenga, a pesar de ser una luchadora, esa apariencia de mujer. Acentuamos la perspectiva dibujando mucho más grande el elemento que está en primer plano.

3 Poco a poco, con un trazo suelto, vamos dando forma a la mujer, mantenemos todas las líneas sin miedo a que se manchen unas con otras.

4 Una vez que tenemos la mujer dibujada creamos sobre ella la apariencia de luchadora. Le dibujamos un casco y un traje que, aunque sea de defensa, es sugerente, moderno y con materiales ceñidos.

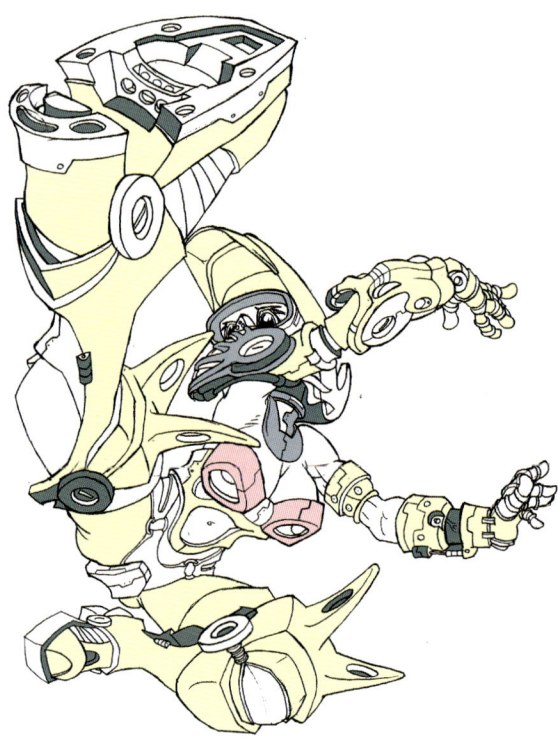

5

Vamos dando color al dibujo, y a la hora
de escoger los colores, intentamos que
sean más originales, que nos puedan
ayudar para darle un toque metálico e
irreal.

6

Seguimos rellenando cada zona en su
respectiva capa.

7

Una vez que tenemos todas las partes del dibujo
con color, agrupamos las capas, exceptuando
la capa del fondo y la capa de la línea negra de
contorneo.

8 Duplicamos la capa del color dos veces más y a cada una de ellas le aplicamos la herramienta *tono saturación* del menú. Alterando los valores, escogemos aquellos que sean compatibles con lo que ya habíamos hecho.

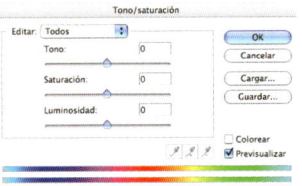

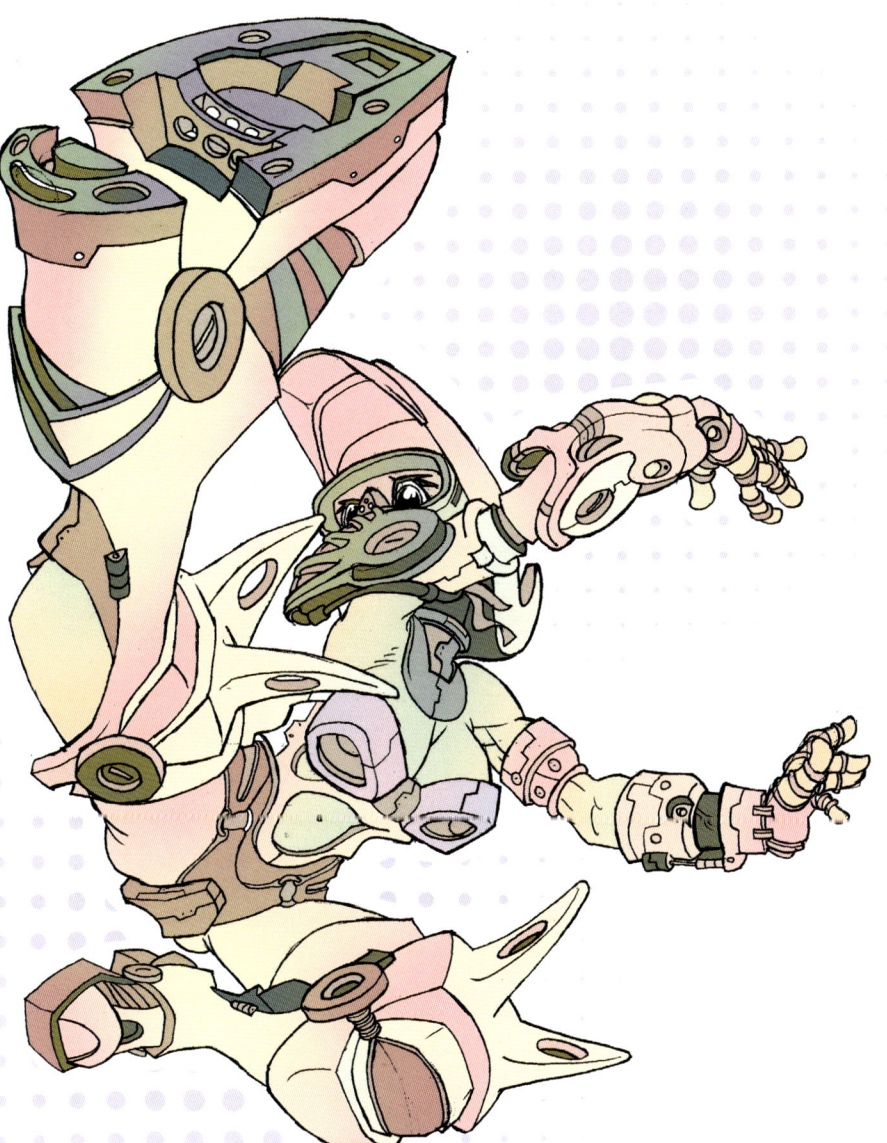

9 Con la goma de borrar, en una opacidad del 48% más o menos, vamos eliminando algunas zonas en cada una de las diferentes capas. Así poco a poco, va apareciendo el tono de la capa de abajo, creando un efecto diferente.

		Sobreexponer	O
		Subexponer	O
		Esponja	O

10 Cuando encontramos el efecto deseado, unimos las tres capas de color en la misma. Y aplicamos sombras y luces para dar un poco de volumen con la herramienta de *sobreexponer subexponer*.

Pincel: 43 | Rango: Medios to... | Exposición: 28%

11 Una vez abierta la ventana, elegimos el pincel de grosor adecuado y el flujo de pintura que proporcione la intensidad deseada.

FONDOS Y FILTROS

Desenfoque gaussiano

OK
Cancelar
☑ Previsualizar

100%

Radio: 4,0 píxeles

Podemos darle un fondo con tonos y formas irreales para situar a la cibermujer en un espacio. Rellenamos la capa del fondo de un degradado y aplicamos el filtro de *puntillismo*. Sobre él aplicamos desenfoque gaussiano.

MONSTRUOS

Las historietas japonesas están llenas de seres marginales, muchas veces monstruosos, que pueden ser protagonistas del *manga* o personajes secundarios que luchan contra o junto al héroe de turno. Dragones nórdicos, o dragones japoneses, se dejan ver junto a vampiros que salvan princesas o mutantes de clara influencia futurista. Casi siempre son personajes introvertidos, poco dados a las relaciones sociales o a expresar sus sentimientos. En algunos casos, como muchos de los mutantes, viven atormentados por recuperar su anterior condición humana. Pero no es extraño que muchos de los lectores de *manga* sientan atracción, y cierta compasión, por este tipo de personajes marginales, que sufren graves trastornos emotivos al no aceptar totalmente su nueva condición mutante.

Las historias de monstruos mitológicos se desarrollan en tiempos remotos, con magos, caballeros y

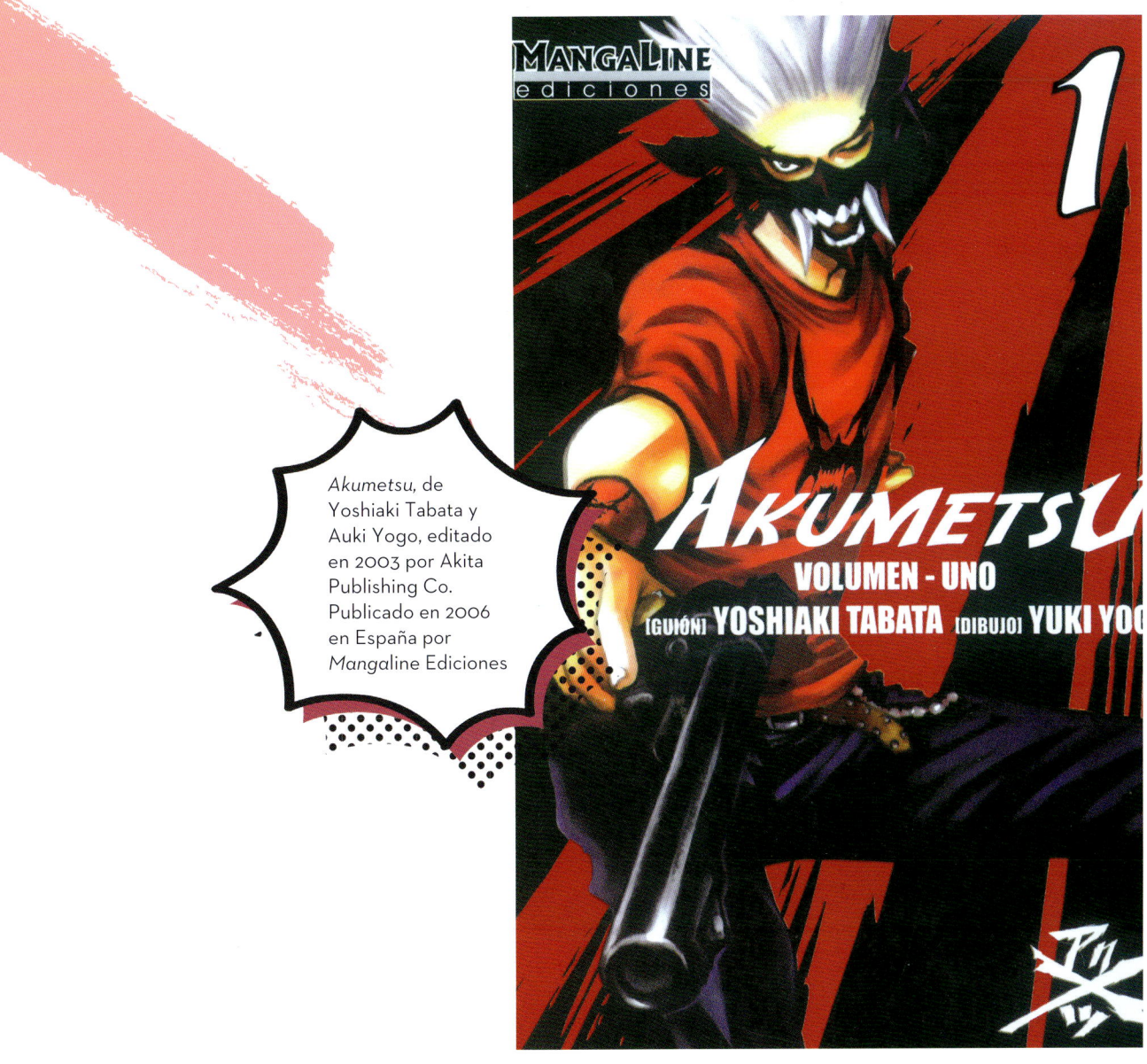

Akumetsu, de Yoshiaki Tabata y Auki Yogo, editado en 2003 por Akita Publishing Co. Publicado en 2006 en España por *Mangaline Ediciones*

princesas que luchan contra el mal, que puede estar reflejado en espectaculares y gigantescos monstruos que suelen estar al servicio del villano. Los ambientes feudales, con un toque mágico, son un recurso habitual en el *manga* moderno.

Los temas vampirescos los encontramos en distintos tipos de *manga*, y su estética sangrienta y lúgubre se traslada a historias de tendencias góticas o gustos musicales, todos ellos dentro del llamado *j-rock*, rock japonés.

Pero dragones, vampiros y mutantes son solo un ejemplo. La imaginación del guionista puede crear cualquier tipo de monstruo, desde un zorro gigante de nueve colas hasta los llamados *Kimera*, que son monstruos de apariencia humana, pero con rasgos animales. La falta de límites a la creación en el *manga*

tiene como resultado una monstruosa colección de variedad de personajes, incluidos algunos muy tiernos, como las mascotas que aparecen en los *mangas* infantiles.

Vampiro Hunter D (1985, Hideyuki Kikuchi). Un cazador de vampiros, llamado «D», vive inmerso en un futuro después de un desastre nuclear que atenaza a los pocos humanos que han sobrevivido. Uno de los mayores éxitos del *manga*, también se emitió el *anime*, se produjeron los OVA y un videojuego para consola.

Inuyasha, de Rumiko Takahashi, una historia que se desarrolla en el Japón feudal, donde los demonios y los monstruos conviven con los humanos. Un *manga* principalmente de acción con viajes al pasado, y con un ligero toque romántico de trasfondo.

MUTANTE

Proyecto I

1 Dibujamos un personaje ya transformado, después de la mutación. Vamos a darle una imagen agresiva, como si el personaje antes de la mutación hubiese sufrido bastante y tuviese mucho rencor e ira.

Un antes y un después de la mutación marcan claramente el desarrollo de este espectacular personaje que se desenvuelve en *mangas* de acción, principalmente futuristas, aunque algunos también se desarrollan en sociedades actuales. Un ser normal, pero que por motivos diversos sufre una severa transformación física y psíquica. Su personalidad se acentúa; si teníamos a un ser bueno nos encontramos ahora ante un héroe, si era malvado, su personalidad maligna se verá más atormentada todavía.

Sin duda son seres especiales, reservados, introvertidos, no han superado su transformación y se acuerdan continuamente de cuando eran humanos, eso les entristece y les mortifica.

En muchos casos se obsesionarán con volver a recuperar su estado natural, pero no lo lograrán. Desde cuernos en la cabeza, o múltiples extremidades, hasta un tercer ojo con poderes, las mutaciones pueden ser de cualquier clase y afectar a su cuerpo.

2

Le vamos exagerando los rasgos, acentuando la parte más animal del boceto.

3

Dibujamos los ojos con las proporciones de un humano y luego vamos exagerando la frente hacia fuera, el morro también, consiguiendo que poco a poco vaya transformándose.

4

Le dibujamos al mutante pequeños detalles que exageren su transformación: verrugas, la lengua por fuera, las uñas enormes.

5 Dibujamos la línea definitiva marcando bien el trazo final.

6 Seleccionamos el contorno y lo pegamos en una capa diferente a la capa del fondo, después seleccionamos el cuerpo del mutante y le damos un color con la herramienta de *degradado*.

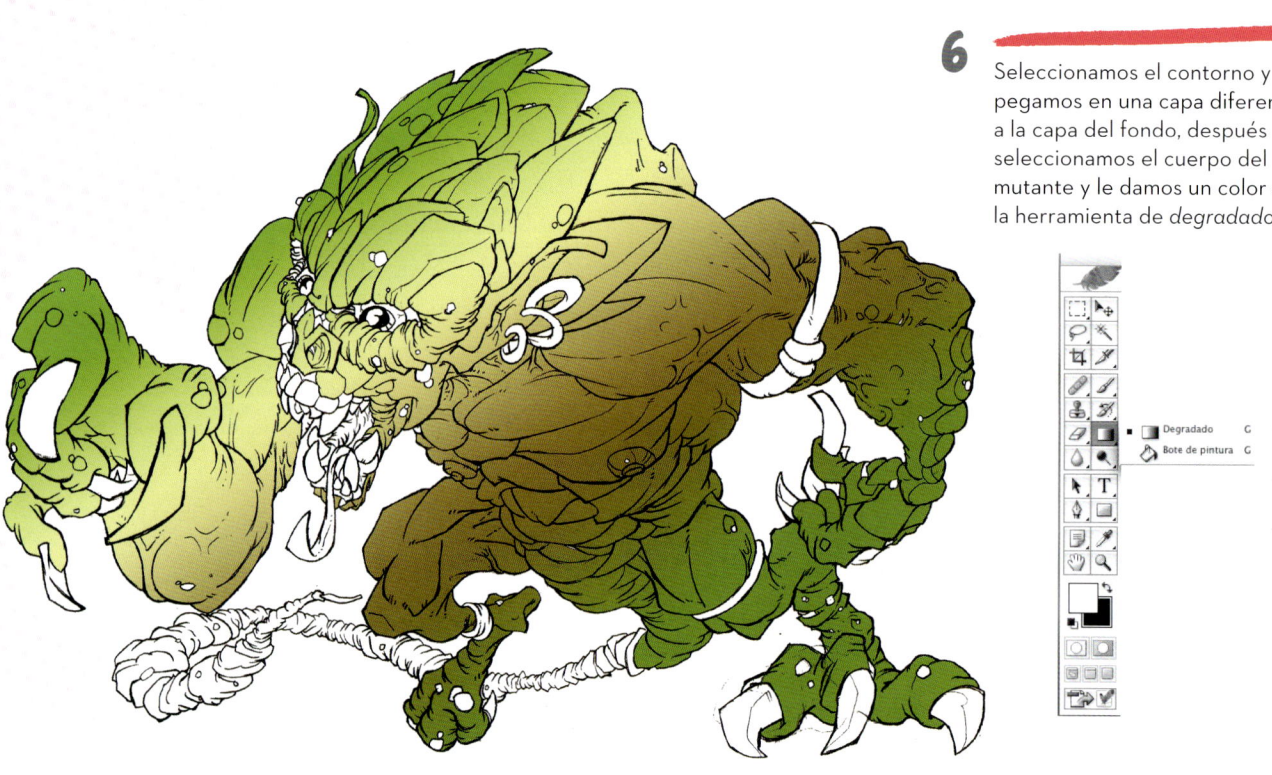

7 Duplicamos la capa del cuerpo del mutante.

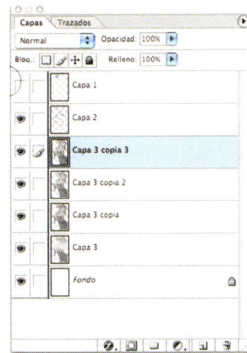

8 Con la herramienta de *tono saturación* le variamos el color del cuerpo a la capa duplicada del mutante, nos decidimos por un color rojo. También hacemos lo mismo en otra capa, pero con un tono violeta.

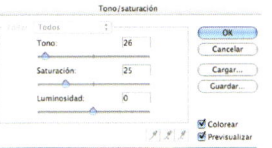

9 Una vez que tengamos las tres capas con tonos distintos, vamos con la goma de borrar aplicándola en distintas zonas de cada capa, permitiendo que vayan apareciendo los tres colores escogidos. De esta manera conseguimos una mayor riqueza en el color.

1 Seleccionamos la sombra del personaje en el suelo y le damos un calado de 15 píxeles. Una vez aplicado el calado, seleccionamos el color frontal negro y el relleno poniendo una opacidad del 30%.

		Pluma	P
		Pluma de forma libre	P
		Añadir punto de ancla	
		Eliminar punto de ancla	
		Convertir punto de ancla	

Calar selección

Radio de calado: 15 píxeles   OK   Cancelar

Rellenar

Contenido
Usar: Color frontal
Motivo personalizado:

OK   Cancelar

Fusión
Modo: Normal
Opacidad: 30 %
Preservar transparencia

2 Con la herramienta *brillo contraste* acentuamos los colores y le damos más viveza al dibujo.

VAMPIRO
Proyecto II

1

Trazamos líneas y círculos bocetando un vampiro en posición de huida.

Las leyendas de Transilvania se mezclan con la fortaleza narrativa del *manga* y nos encontramos con un personaje de extraordinario poder, descendiente directo de Drácula, pero obsesionado con acabar con los vampiros impuros, aquellos que tienen su sangre mezclada con la de los humanos. Para lograr su objetivo no dudará en destruir a quien sea, incluidos sus aliados, los humanos. Caen fácilmente en los placeres mundanos, perdiendo energía, por lo que tienen que estar mordiendo víctimas continuamente.

De apariencia elegante y relajada, se transforma rápidamente en un ser extremadamente violento y sanguinario, de increíble frialdad. En el *manga* japonés tampoco faltan las características clásicas de este tipo de personajes: estacas en el corazón, las decapitaciones y el empalamiento de sus enemigos. Los descendientes de Drácula no han cambiado mucho su forma de vestir, aunque sí encontramos materiales un poco más modernos, pero manteniendo siempre la palidez de la piel, propia de su especie.

2 Paso a paso vamos dando forma al boceto inicial.

3 Dibujamos el pelo muy exagerado para imprimir el carácter *manga* a la imagen.

4 Bocetamos la capa creando movimiento a través de los pliegues de la tela.

5 Dibujamos la línea definitiva intentando que sea firme y bien marcada.

6 Seleccionamos las distintas zonas para darles color y abrimos la ventana de *muestras de color* para escoger aquellos que nos interesen.

7 Seguimos escogiendo las distintas zonas y colocándolas cada una en una capa diferente.

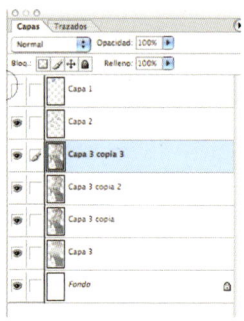

8 Exageramos detalles del vampiro, como los ojos a los que damos un color amarillo verdoso, y la boca, a la que le ponemos un rojo vivo y fuerte.

LUCES Y SOMBRAS

1 Vamos a aplicar las sombras utilizando la herramienta de *subexponer*. Seleccionamos un tamaño de pincel y lo aplicamos sobre la zona adecuada.

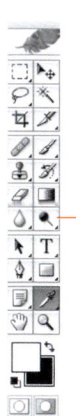

	Sobreexponer	O
	Subexponer	O
	Esponja	O

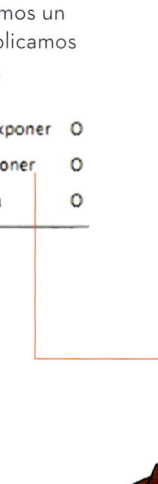

2 Vamos a aplicar las luces utilizando la herramienta de *sobreexponer*. Seleccionamos un tamaño de pincel y lo aplicamos sobre la zona adecuada.

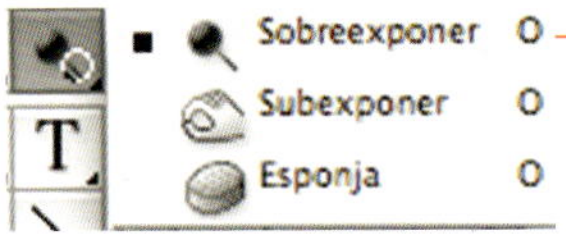

3 Seleccionamos la capa del vampiro y aplicamos un degradado de diferentes colores. Luego, en la ventana de *capas*, bajamos la intensidad de esa capa para que quede más sutil y se sigan respetando las luces y las sombras creadas.

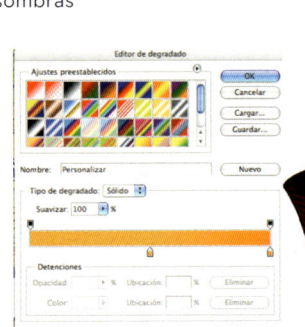

CULTURA JAPONESA

Las tradiciones japonesas, aunque pocas veces siguen realizándose en la actualidad con el rigor de los antepasados, forman parte de las enseñanzas entre generaciones y, por tanto, tienen una fuerte presencia en el *manga*, independientemente de la edad del lector.

En ocasiones nos encontramos con historias que se desarrollan en la época feudal, hasta las luchas sociopolíticas que vivió Japón hasta finales del siglo XIX. Pero más que los ambientes históricos lo que verdaderamente perdura son los protagonistas de esas historias. Samuráis, geishas o grandes caballeros aparecen en *mangas* de ambientes actuales o incluso futuristas. Costumbres ancestrales, como la ceremonia del té o la fiesta del cerezo las podemos ver en cualquier tipo de *manga*, conviviendo con seres imaginarios.

Tanto los samuráis como las geishas representan aquello que admira o desea la mayoría de la sociedad

NOBUHIRO WATSUKI

Rurouni

Kenshín

EL GUERRERO SAMURAI

23

EDICIÓN
ESPAÑOLA

Glénat

Rurouni Khenshin o *Samuray X* de Nobuhiro Watsuki, editado en 1994 por Shueisha. Publicado en España en 2002 por Ediciones Glénat.

japonesa. Valores como el honor, el afán de superación, la discreción, el buen trato al extranjero o la humildad en su entorno familiar están presentes en las tramas. Pero no solo personajes, también objetos de culto han perdurado a lo largo de los siglos, como la famosa *katana*, el sable del samurái.

Hecho de una aleación de duro acero en su filo, y uno más elástico en la hoja, la legendaria *katana* puede aparecer distorsionada, exagerando sus cualidades o incluso adoptando poderes que bien podrían calificarse de «mágicos», en escenarios imaginarios.

Las geishas se mueven por las historias demostrando su talento, en la danza y en la música, y representan el culto a las tradiciones japonesas, mezclándolas con un ambiente de sensualidad que se adapta perfectamente a la estética del *manga*.

Rurouni Kenshin o *Samurai X* (1994, Nobuhiro Watsuki) es un claro ejemplo de exaltación de los valores orientales. Narra la historia de un *Ronin*, algo así como un samurái errante, asesino arrepentido que, a pesar de dedicar el resto de su vida a hacer el bien, vive agobiado por el complejo de culpa originado por su ensangrentado pasado. Está ambientada en el Japón del siglo XIX, inmerso en revueltas campesinas contra el poder imperial.

Naruto (2000, Masashi Kishimoto). Sin duda, uno de los éxitos de acción del momento. Sus protagonistas son futuros ninjas que se preparan en una escuela de artes marciales, con pasados y sueños. Un buen análisis de la amistad masculina, ante el poder, acompañado de pequeñas dosis de celos y líos de faldas.

SAMURÁI

Proyecto I

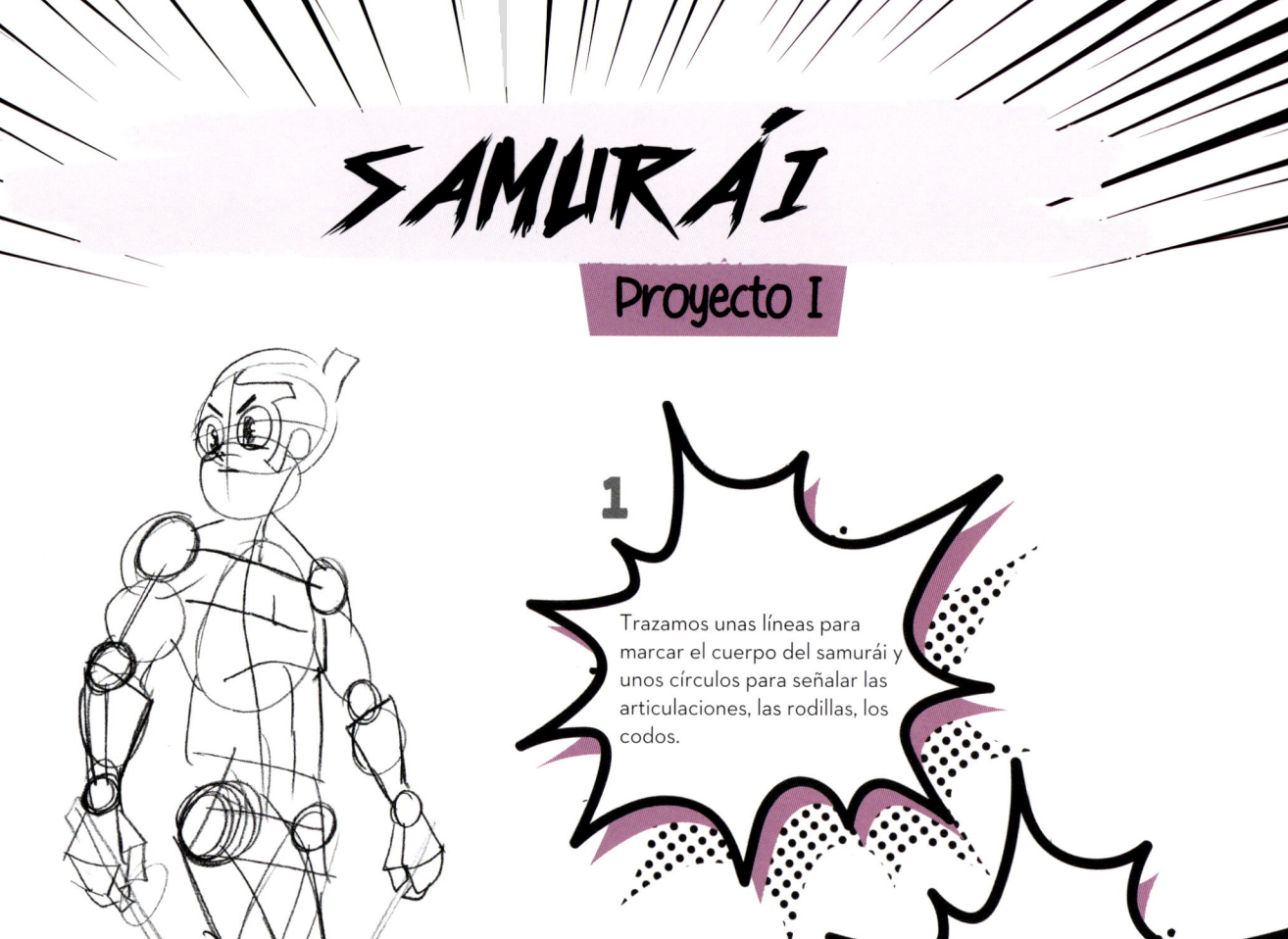

1

Trazamos unas líneas para marcar el cuerpo del samurái y unos círculos para señalar las articulaciones, las rodillas, los codos.

Vamos a darle una posición serena, con movimiento pero no en acción, para lucir más el traje del guerrero que el hecho del combate, que ya le hemos dado importancia anteriormente en otros dibujos.

Es el guerrero japonés por excelencia. Utiliza el arte de la guerra y la fortaleza espiritual para derrotar a sus enemigos. El samurái soldado sirve a las órdenes de un gran señor y siempre está dispuesto para el combate. La espada, la *katana*, es el alma del samurái, dedicará muchas horas al aprendizaje de su manejo, que servirá para defender nobles ideales, incluso pueden dedicar toda su vida a un solo objetivo.

Es un personaje respetado por la sociedad, aunque un tanto marginal. Misterioso y serio, a primera vista se nota que el equilibrio es su fuerza, el control de sí mismo es casi total. Su actitud es de permanente alerta, aunque consigue mantener una imagen relajada, incluso en los momentos de mayor tensión.

Además de la *katana*, suele llevar un *jitte*, un pequeño puñal en forma de «U» para detener los golpes de la espada de su adversario. Por el casco podemos apreciar su rango; cuantos más adornos, mayor categoría. Aunque lleva ropa cómoda, suele tener protecciones de bambú en los hombros y la cadera, además de un peto metálico.

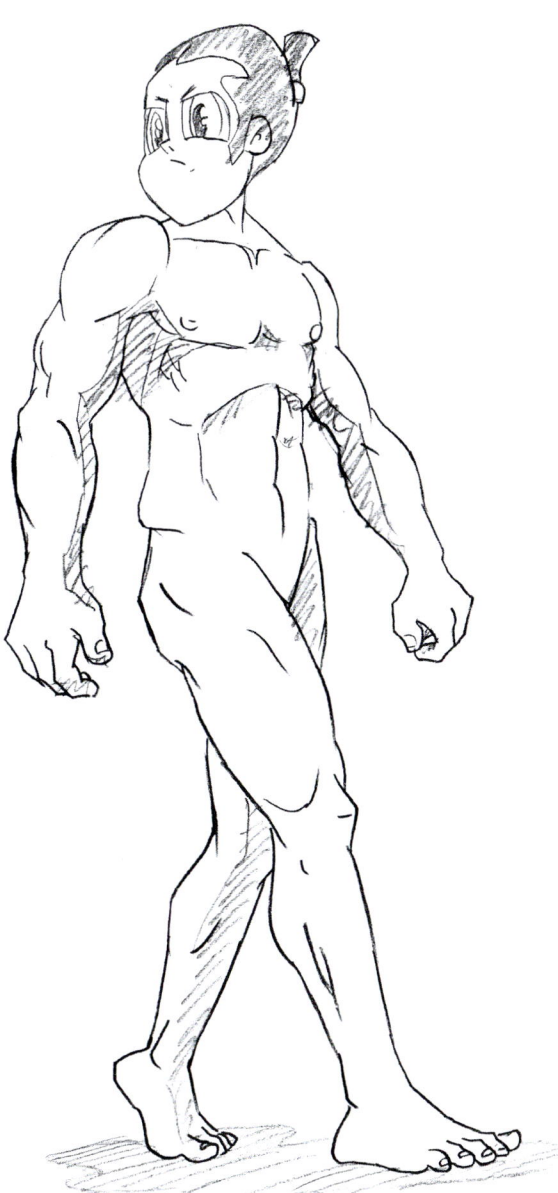

2 Damos forma a los primeros trazos con volúmenes y tratando de dibujar al samurái con un cuerpo fuerte y proporcionado.

3 Dibujamos sobre el cuerpo desnudo del samurái las ropas típicas del guerrero japonés por excelencia y le dibujamos también el casco sobre la cabeza. Le añadimos detalles que suelen llevar los samuráis, como la *katana* y el *jitte*.

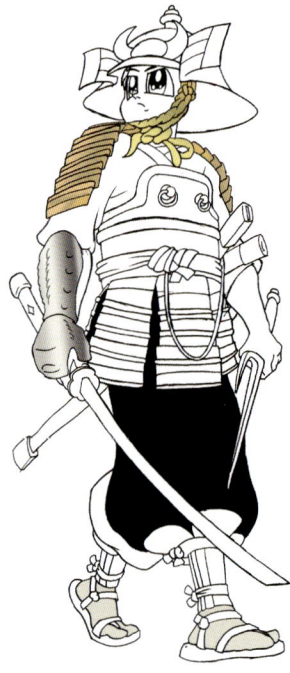

4

Seleccionamos cada zona y comenzamos a aplicar los colores.

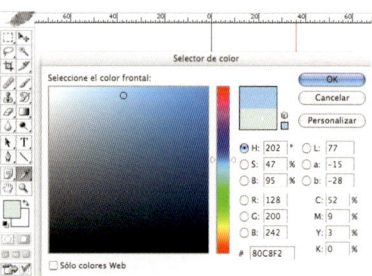

5

Una vez dado el color, agrupamos las capas, exceptuando las capas de línea y fondo.

Los pantalones son oscuros y los calcetines claros.

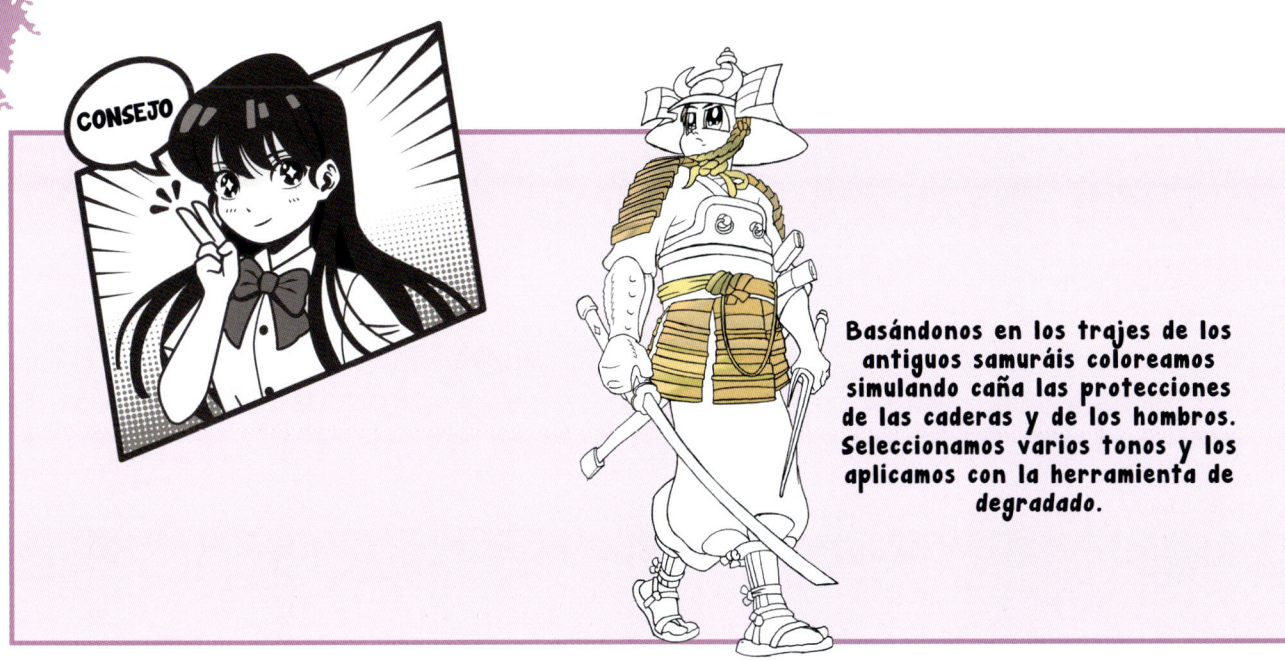

CONSEJO

Basándonos en los trajes de los antiguos samuráis coloreamos simulando caña las protecciones de las caderas y de los hombros. Seleccionamos varios tonos y los aplicamos con la herramienta de degradado.

LUCES Y SOMBRAS

Seleccionamos la zona de luz y la zona de sombra y aplicamos mediante la herramienta de *curvas de color* más intensidad en los oscuros y en los claros. Dos ejemplos de aplicación de sombra:

1 A la selección le damos un calado de seis puntos.

2 A la selección no le damos ningún calado.

1 Le podemos dar a la imagen distintas luces creando un efecto de noche, de atardecer... Volvemos a la imagen agrupada y con la herramienta *tono-saturación* buscamos una tonalidad que nos parezca apropiada.

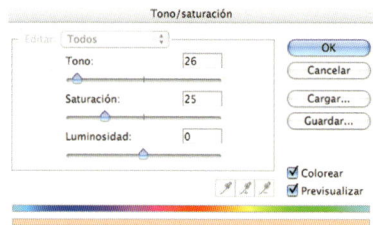

2 Luego le damos un degradado de colores oscuros para la imagen nocturna y rellenamos la capa de fondo con él. Creamos otra capa y hacemos lo mismo pero escogiendo un degradado de colores rojos y amarillos para la imagen diurna.

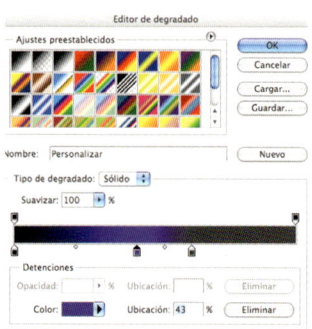

GEISHA

1

Bocetamos con trazos muy simples la forma de una mujer sirviendo el té. La situamos de rodillas en el suelo, como es costumbre en la cultura japonesa.

Exquisito y refinado personaje de la cultura japonesa, instruidas desde muy jóvenes para deleitar a sus clientes con danzas y música durante la celebración de la ceremonia del té. En ocasiones esporádicas las relaciones se convierten en más íntimas, siempre de común acuerdo. Saben comportarse en todas las situaciones, mantienen la calma y la elegancia en las reuniones con sus clientes: poderosos samuráis, políticos o grandes terratenientes.

De imagen frágil, sus movimientos son breves y armoniosos, cautivando fácilmente a los que la están observando. Los trajes, de lujosas telas, indican el prestigio y reconocimiento de la geisha dentro de su área de influencia. Los labios finos y de rojo intenso contrastan con la palidez del maquillaje; el peinado, muy trabajado y adornado con palillos y broches. Dentro de la cultura japonesa, la geisha se presenta como la mujer ideal; artista, bella y elegante, además de discreta.

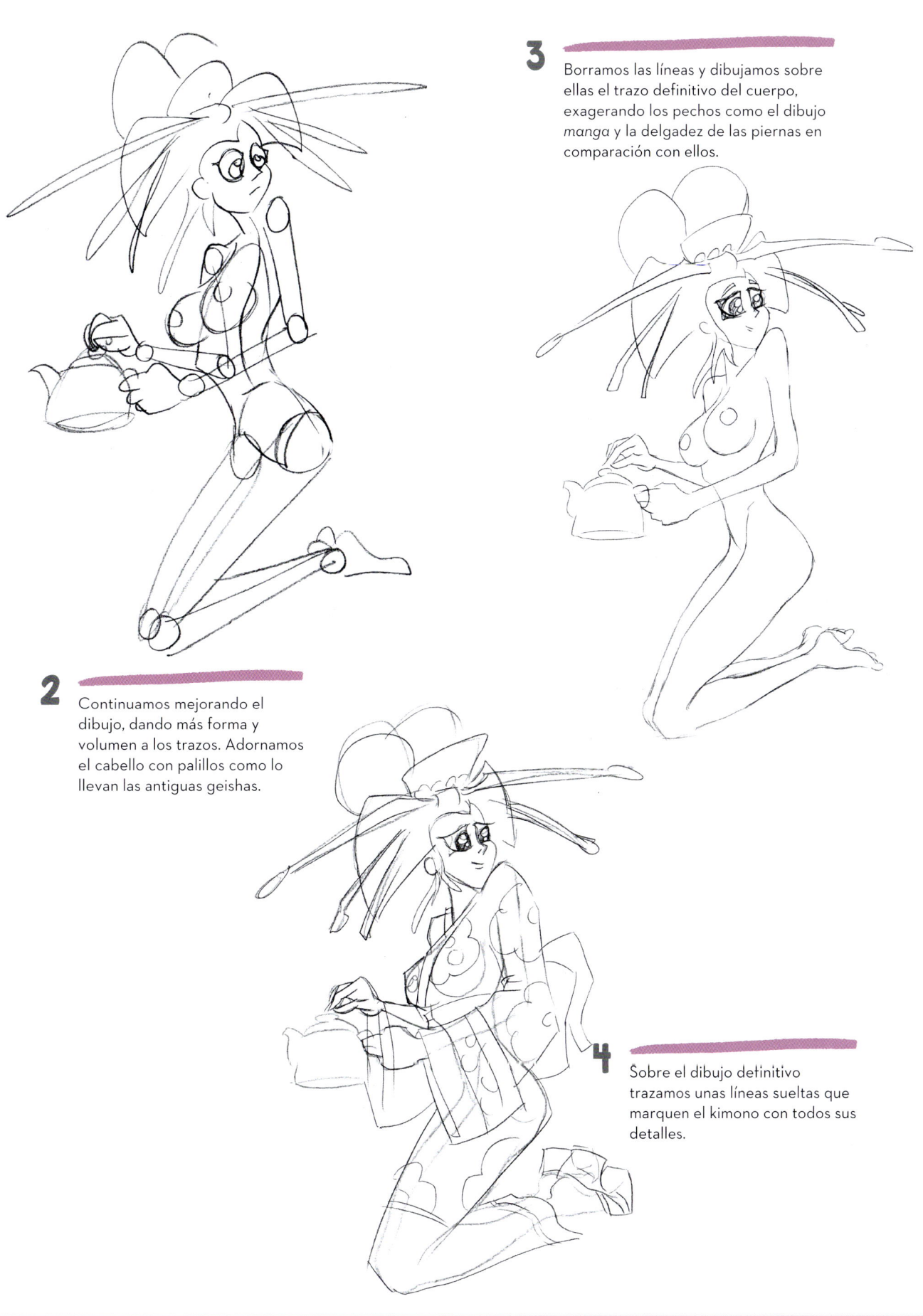

3 Borramos las líneas y dibujamos sobre ellas el trazo definitivo del cuerpo, exagerando los pechos como el dibujo *manga* y la delgadez de las piernas en comparación con ellos.

2 Continuamos mejorando el dibujo, dando más forma y volumen a los trazos. Adornamos el cabello con palillos como lo llevan las antiguas geishas.

4 Sobre el dibujo definitivo trazamos unas líneas sueltas que marquen el kimono con todos sus detalles.

5

Dibujamos la línea definitiva intentando que esté unida por todos lados y bien marcada. Una vez que lo tenemos, lo escaneamos, y seleccionando la línea, la copiamos en otra capa separada de la capa del fondo, que será completamente blanca.

6

Vamos seleccionando cada zona y rellenándola del color que escojamos.

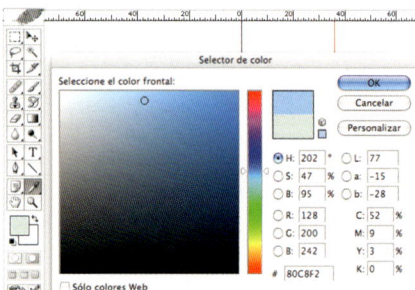

7

Seguimos aplicando diferentes colores. En el kimono hemos seleccionado un color que simula el dorado porque lo utilizan en los kimonos frecuentemente.

Para dibujar el moño de la geisha escogemos un color para los palillos y hacemos un degradado para el color del cabello. Podríamos ponerlo todo negro pero perderíamos detalles, por eso le metemos un degradado de negro a violeta y de violeta a negro. De esta manera conseguimos efecto de luz.

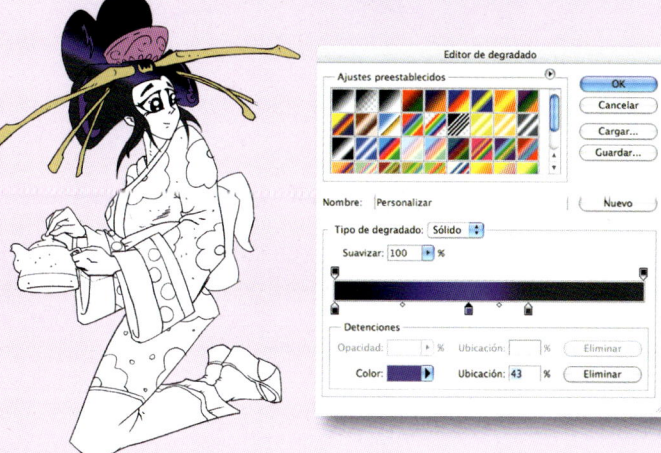

LUCES Y SOMBRAS

1

Hacemos un trazado de lo que sería la sombra de la geisha en el suelo y lo convertimos en selección dándole un calado de 15 píxeles. En una capa aparte, rellenamos esa selección con un 25 % de negro.

LUZ

2

Imaginamos un punto de luz externo colocado arriba a la izquierda. Dibujamos la supuesta sombra que proyectaría dicha luz y con las curvas de color subimos el tono en el dibujo original.

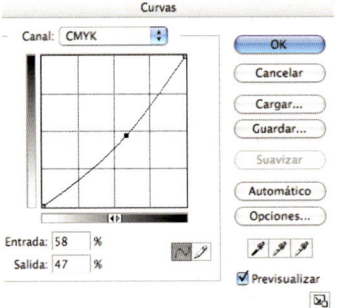

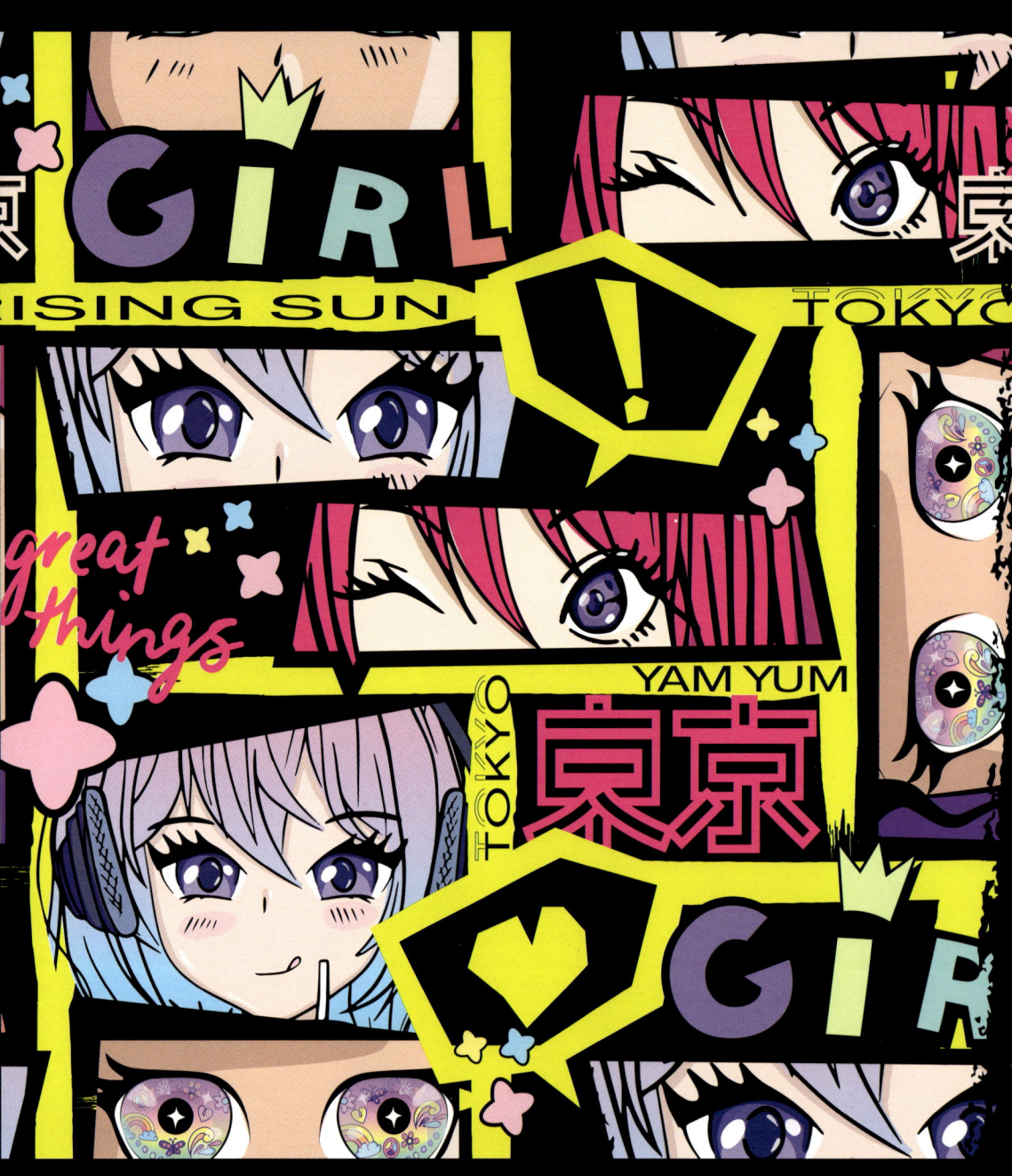